U0924997

追龙

印度能否赶超中国

[印度] 莫汉·古鲁斯瓦米/左拉瓦·多利特·辛格◎著
王耀东/王峻岭/牛　震/郑　彬◎译

时事出版社

图书在版编目（CIP）数据

追龙：印度能否赶超中国/（印）古鲁斯瓦米，（印）辛格著；王耀东等译．—北京：时事出版社，2010.10

ISBN 978-7-80232-371-1

书名原文：Mohan Guruswamy，Zorawar Daulet Singh，CHASING THE DRAGON：Will India Catch Up will China?

Published by Dorling Kindersley（India）Pvt. Ltd.，Iicensees of Pearson Education in South Asia.

Ⅰ.①追… Ⅱ.①古…②辛…③王… Ⅲ.①经济发展—对比研究—中国、印度 Ⅳ.①F124②F135.14

中国版本图书馆 CIP 数据核字（2010）第 187156 号

版权登记号：01-2010-5704

出 版 发 行：时事出版社
地　　　址：北京市海淀区万寿寺甲 2 号
邮　　　编：100081
发 行 热 线：（010）88547590　88547591
读者服务部：（010）88547595
传　　　真：（010）68418647
电 子 邮 箱：shishichubanshe@sina.com
网　　　址：www.shishishe.com
印　　　刷：北京百善印刷厂

开本：787×1092　1/16　印张：13.75　字数：180 千字
2010 年 10 月第 1 版　2011 年 3 月第 2 次印刷
定价：38.00 元

序

（关于中印比较的话题）

中、印比较近年来渐成“显学”。人类天性好比，中国和印度看起来又恰好是绝佳的比较对象：两国都是发展中大国、又是邻国，建国时间差不多，先后推进经济改革，历史上友好交往渊源深远，现实中相互合作正在成形。当今国际，谈到经济发展、政治格局、军事动向、社会潮流，恐怕都离不开中、印。中国正在崛起，GDP超过日本；印度也在崛起，方心未艾。国际上关于中、印比较话题的研讨会与文章接连不断，每年新书层出不穷，可谓炙手可热。在国家建设过程中遇到经济改革、社会发展、民生议题时，两国不免总要看看对方是怎么做的，以资借鉴。近年来，中国到印度的各类考察团越来越多。即使在个体层面上，中国人到印度与印度人到中国所写的观感性文字在各种媒体上的也不计其数。

如果说有一门“中印比较学”的话，迫切需要的是认真而有意义的对比。钱钟书先生说，狗比猫大不是严肃的比较研究。国家之间的比较，存在比什么、怎么比、为什么比等许多深刻而复杂的问题，尤其应避免一些误区。例如：有些到过印度的中国人通过表象观察认为，印度是一个贫穷落后的国家；依靠间接来源了解印度的人又有不少认为，印度是个软件业和高科技大国。两个看法都有一定片面性。从印度方面来看，认为“中国人民生活在水深火热之中”的人不在少数，更有甚者认为中国凡事都有“国家意志”，是“一条张牙舞爪的巨龙”，总试图将别人踩在脚底下。这种中、印两国人在观察比较时的“错位”，有相互了解不够以及历史文化差异等“先天”原因，也有教育和媒体宣传等

“后天”因素。

国家之间的比较到底比什么？经济发展指标、发展的模式与动力、经济改革的经验与教训，这些应当成为比较的内容，而且应深入研究，以便从中吸取营养。政治体制、价值选择、伦理文化等就不好比较，也容易比出问题。举例来说吧。2009 年印度一份英文报纸发表了一整版文章，主题是“印度好还是中国好”。好比问“桔子好还是苹果好”一样，这里比较的是人的偏好、国家情感和价值取向。这些怎么好拿来比呢？结论自然也是“预设”的：法官说印度人民“享有最充分的人权”，军人说“我愿意一千次转世再生为印度人”，厨子说“印度的食品绝对比中国的食品好吃”，作家说“印度人民远比中国人民幸福”。这种比较除了让自己“感觉良好”以外，真正的意义不大。

中国人也“喜欢比”。到印度的中国人不论时间长短，总有些抑制不住发表评论的冲动。从网络论坛上的内容看，印度的城市脏乱差、贫富差距悬殊、严格的等级制度甚至包括印度饭难吃等，都是评论的焦点。对印度发表看法，反映实际情况可以，但下论断千万要小心。盲人摸象这个成语诞生于印度不是没有原因的，说的就是人很容易犯以偏概全的毛病。印度是一个典型的对立统一体。印度有 6000 年以上的历史，是世界上最古老的文明国家之一，1947 年从英国殖民统治下独立，同时又是一个年轻的国家。政治上实行议会选举制，议会多数党组阁，但现实中政治又明显受家族、种姓、宗教因素左右。经济总量上已超过万亿美元，跻身世界前十强，但以人均计则刚过 1000 美元，全球排名在 130 位之后。印度在福布斯富人榜上的数量在亚洲独占鳌头，印度的赤贫人口数字也是全球第一。印度的计算机软件业、制药业、服务外包业等自 1991 年经济改革以来发展迅速，成为“印度的名片”，同时停水停电、假药泛滥、交通阻塞也是城市日常生活的现实，像顽固的“牛皮癣”。美国作家马克·吐温 19 世纪末曾游历印度，以大文豪的才华在结束时长叹道：关于印度的任何一个判断如果是正确的，那相反的判断也一定是正确的。可见印度之复杂与难懂，这句话在今天仍然很适用。

这就出现了怎么比较中国和印度的问题。两个国家都是发展中大国，都呈现典型的二元统一体特征。经济总量较大，但人均水平较低。有了一些高精尖的技术和实力，但与发达国家还有很大差距。有一些地区、一些人富裕起来了，但还有相当数量的贫困人口。因此中、印比较不能机械地比、隔离地比，应提倡宽容、理智、有意义的比较。“田忌赛马”式专门拣别人的短处比，于己于人都无益处。

中、印比较之风，首先从美国等西方国家刮起来，然后西风东渐，近年来开始在印度兴起。按照莫汉的说法，较早提出“印度能否超过中国”问题的是美国《外交》杂志2003年的同名文章。文章明确提出，如果印度能够赶上中国，就证明“中国模式存在局限性”。可见西方关注中、印比较，重在“印度能否赶上中国”的结论。如果中国持续蒸蒸日上，印度扶也扶不起来，将“证明”西方所推崇的“民主制度”在经济发展上没有什么优越性。这对以“推进民主为己任”的国家来说是“致命的打击”。2003年也许正是这样一个当口。一年前中国加入了世界贸易组织，两年前中国成功申办北京奥运会，当年的中国经济增长速度在时隔六年之后再次冲上两位数高度。与此同时，印度国内刚刚爆发了大规模种族骚乱，经济在前面连续两年低增长（4.4%和5.8%）之后，2003年更是降到了12年来的新低3.8%。就在这一年的1月份，当时的美国总统布什与印度总理瓦杰帕伊通电话，提出了“美国将扶持印度成为21世纪世界大国”的“著名”承诺，双方从此开始建立“战略伙伴关系”。

对于为什么要进行中、印比较，看来西方有自己的打算。中、印两国自己呢？近年来有不少印度人撰写了认真务实的中、印比较著作，目的是向中国学习经济建设方面的经验，如加大基础设施投入、注重发展农业、建设经济特区等，希望通过中国这块“他山之石”攻印度国内政策的“玉”。这是正道。也有个别人跟在西方的屁股后头热衷于“制度比较”，大讲“龟兔赛跑”、

“中印争夺21世纪超级大国地位”，这就有点问题了。中、印自然禀赋本来不同，中国不会成为印度，印度也不会成为中国。中、印之间的比较研究不是为了证明谁比谁强，而是为了更好地帮助自己的国家建设。印、中之间根本不存在一场“龟兔赛跑”。全世界那么多国家，随便两个个头差不多、发展速度不同的国家尽可以拿来比较，为什么单单“这一个”成了“龟兔赛跑”呢？可见此中别有深意。话说回来，你乌龟要跑就好好跑呗，找个兔子作目标干啥？就算追上了兔子，前面还有老鹰呢！国家建设和经济发展不是争夺锦标，没有一条终点线等待冲刺，而是一个为了人民生活改善长期不懈的艰苦过程。中国如此，相信印度也是如此。任何国家的发展动力从来都是内生的，一味追求将别人“比下去”的竞争心态长久不了。

中、印比较将是贯穿于21世纪的一个长期课题。不仅在学者的书斋里、媒体的文章中，而且在两个广袤国家幅员辽阔的国土上、风云变幻的国际舞台中波澜壮阔地展开。从中国的角度看，我们的经济改革比印度早上十几年，经济建设取得了一定成就，这也不构成“瞧不起”别人的资本。中国和印度毕竟都还是发展中国家，虽然发展阶段稍有不同，但在大国中情形最接近，共同利益最多。我们应抱着团结宽容的精神，埋头苦干，办好自己的事，在这个过程中多学习参考印度国家建设和经济发展中有益的经验，借鉴和避免其教训。

朋友莫汉·古鲁斯瓦米和他的助手左拉瓦·多利特·辛格的新书（英文原名：《追龙——印度能否赶超中国》中文版与中国读者见面了。就读于哈佛的莫汉以经济专才出身，管理过跨国公司，20世纪90年代中后期曾作过印度财政部长的特别顾问，目前主持思想库研究工作。虽然涉猎中国问题时间相对不长，但他以经理人般的敏锐眼光抓住不放并深入研究，取得了斐然成果。莫汉的文字向来以精炼、深入、可靠著称，颇有公司企业的“行政报告”之风。此书英文版自2009年首发以来已再版两次，并被作为“从政参考书”赠送给每位印度国会议员。其醒目的图示、清晰的说明、明确的建议受到广泛好评。

莫汉对他自己提出“印度能否赶超中国”的问题给出的答案是，假定中国从2005年起以年均4.6%的速度、印度以年均7.8%的速度增长，大约在2040年左右印度的GDP规模可以“追上”中国。从纯粹学术批评的角度看，除了这个假定本身的合理性问题（中国即使在全球金融危机后发展速度并未出现减缓迹象，中、印两国的增长速度曲线仍呈发散形状，即双方差距仍在加大），在经济领域任何超过30年以上的预测都面临内、外环境变化和诸多不确定因素的制约，其实际意义和可靠性在学术界一直颇有争论。

承蒙莫汉邀请，忝为序。

王耀东

（《文汇报》首席记者、高级记者）

二〇一〇年九月十五日于新德里寓所

目　录

前　言

2003年底，在印度政府高调推动“印度大放光芒”（India shining）运动之后，尽管早期简单的基础宏观经济数据研究已经非常具有启迪作用，但政策选择研究中心还是进行了一次中国与印度在改革后经济表现的比较研究。20世纪70年代中期，中国的人均收入还低于印度，但在20世纪80年代中国就开始将印度远远抛在后面。到了20世纪90年代，这种差距进一步扩大。只有到了新千年的头几年，印度的经济增长才开始出现一些令人乐观的迹象，虽然这种增长速度还不能跟中国相比。伴随着印度开始“放光”，在过去的几十年中，印度的绝大多数领域却改变很少。因此，我们发表了第一篇论文“印度能否超越中国”（莫汉·古鲁斯瓦米和阿布舍克·考尔著）并把它送给了国会议员和政策决策圈内的主要成员，附信由前总理钱德拉·谢卡尔执笔。

该文引起巨大反响。政府官员，如时任外交部长，无法反驳铁的事实，就撰文狡辩中国和印度“体制”中缺乏民主是导致经济增长缓慢和社会欠发展的原因。共产主义者高层和各式各样的左派领导人认为这是社会主义的证明，显然他们没有认识到邓小平主席在1978年为中国制定新发展蓝图时就已经有效地放弃了上述观念。其他许多人只是否认书中的观点并且开始质疑数据。然而，著名的《经济与政治周刊》和《印度人》杂志全篇发表了这篇论文。很快，其他一些报纸和杂志也大量引用相关内容。似乎，印度正在经历中国正在发生的转变。

我开始认识到，这篇文章内容很不充分，只是勾勒了一些表象。

我们要做得更好。此外，既然许多人质疑数据，我们决定只采用由国际知名组织如世界银行、国际货币基金组织等公布的信息，尽管它们的数据往往有点过时。世界银行2009年的研究报告通常只汇集了2007年各国的数据，这依赖于各成员国提供数据的时间和方式，然后还要经过世行内部的验证。因此，通常我们使用的数据看上去有点过时，但实际上却是最新的。

2005年，一篇同样名称但更有深度的论文诞生了，它由杰万·盟汗提和罗纳德·亚布拉罕共同撰写，并于第二年在上海举行的中国经济学会的年度会议上提交。该文对于印度的长期远景更加乐观，甚至预测印度可能在本世纪40年代超越中国。一些中国经济学家质疑这种观点。但是，总的来说，这篇文章受到高度关注。在上海会议上有来自许多国家的经济学家。很快，我收到了许多组织的邀请，希望能就此话题进行演讲。接下来的一年里，我的朋友皮尔森教育集团的K.P.R.奈尔建议我把这篇论文扩展为一本书。于是，我招募了刚刚从美国约翰·霍普金斯大学毕业的国际关系硕士左拉瓦·多利特·辛格加入，攻坚这个课题。该书的第一版初稿完成于2007年底，2008年中又加入了一些同事们的评论。此间事态发展迅速，因此我们又重新调整之前的文字。2009年1月，我们全部完成。一些数字仍需更新。中国和印度正与前所未有的失业形势做斗争，中国的情况更严重些，但印度也受到伤害。两国都面临巨大的出口萎缩，但我们对未来的预期仍然能够站得住脚。印度要追赶中国需要做得更好。

莫汉·古鲁斯瓦米

第一章 简介

从地缘政治的角度来看，中国的崛起并在国际社会中扮演越来越重要的角色是新千年以来发生的最具影响力的事件。在过去的10年中，中国已成为美国最大的制造业商品生产国，中美贸易顺差达到2660亿美元（2008年中美贸易总额约为4090亿美元），这使得中国在近年来逐渐成为国际社会中最大的美元资产持有国（在中国外汇储备中，美元资产达到1.95万亿）①。调查评估认为，在中国所持有的所有外国债券中，美元债券资产达到了1.2万亿到1.7万亿美元。仅2008年，中国就购买了4000亿美元的美国债券，数额接近美国赤字总量的一半②。

事实上，当今亚洲整体经济的增长与中国的发展密不可分，中国目前占亚洲出口贸易总量的55%，全球进口贸易总量的7.2%，全球进口贸易增长总量的16.5%。更为可观的是，中国经济已占到全球GDP增长总量的16%。美国著名的投资银行高盛预计：2000—2030年期间，中国将占全球GDP增长总量的36%。

2007年初，中国就已超过美国成为欧盟的第一大进口国，同时取代美国成为日本最大的贸易伙伴。2007年，中国出口贸易总

---

① 截止2008年12月31日，中国拥有的美元资产达到7000亿，占国外持有美国资产总量的18%（外汇储备数据截至2008年）。中国对美国进口玩具、鞋类及其他低端产品市场的占有率达到70%—80%，进口服装市场的40%以及电子产品的35%。

② 布拉德·赛斯勒、阿潘那·潘迪：《中国17亿美元的豪赌》，国际关系协会，1999年1月出版。

额达到 1.2 万亿美元，超过美国成为仅次于德国的全球第二大出口国。[①] 更有人预测，如果继续保持目前这一进出口贸易发展趋势，2008 年前后中国将在出口贸易方面超过德国占据世界第一的位置，并有可能在对外贸易总量方面超过德国位居世界第二。目前，中国还是美国的第三大、欧盟的第四大出口市场。

1999 年，杰拉德·西格尔曾在《外交》杂志发表了一篇名为《中国重要吗?》的文章。2007 年再回首时，其中的观点会让人感觉光怪陆离、恍如隔世：

“中国还称不上是真正的一流强国，事实上，中国的强大只停留在理论上——在过去的 150 年里，她承诺了很多，结果却总让人感到失望。在毛泽东革命 50 年、改革开放 20 年后的今天，是该认清中国到底是个什么样的国家了。只有当我们真正意识到中国实际上是一个什么样的国家时，在制定对华政策上才能更明智。”[②]

正如一位学者所提到的“要成为真正的现代工业强国，一方面需要有高水平的科研能力，另一方面需要具有将科研成果转化成现实生产力的尖端企业，而这两点正是当前中国所缺少的。”[③] 因此，从这一角度来分析，不难看出对中国经济建设所取得的成绩的评价有刻意夸大之嫌。比如：2005 年，外资企业（占中国出口比重很高）进口额为出口额的 87%。[④]

因此，中国的贸易数据很可能无法真实反映经济结构状况，中国超高的出口贸易数额恰恰反映了中国经济发展高度依赖于国际跨国企业，而不是靠独立的工业发展水平。复旦大学的王义伟教授（音译）比较准确地分析了目前中国在国际政治经济领域的

---

① 《中国将超过美国成为世界第二大出口国》，人民网，2007 年 8 月 21 日发表。

② 杰拉德·西格尔：《中国重要吗?》，载于《外交》，1999 年 9—10 月刊。

③ 威廉·普法福：《中国：一个伪超级大国》，载于《国际先驱论坛》，2007 年 8 月 24 日刊。

④ 资料来源：肖恩·布莱斯利：《中国发展过程中的政治经济学：政治图谱与经济现状》，2007 年刊，版次 50（3），第 3—10 页。

地位：

“目前，轻工业和消费品生产从现代化工业国家向中国转移的进程已基本完成，而重工业的转移才刚刚开始。随着这一潮流的发展，发达国家对中国的依赖会越来越明显。”①

中国在全球经济中扮演着越来越重要的角色。与此同时，近年来另一个亚洲大国——印度的经济转型也逐渐引起了国际社会的关注。事实上，根据购买力平价制度（PPP）衡量，中国和印度已成为世界三大经济体中的两个。人们不可避免地将这两个大国不断进行比较。开启这一潮流的是2003年刊登在《外交》杂志上的一篇题为“印度能超过中国”的文章。该文的两位作者黄亚生和塔鲁恩·卡纳都有着良好的学术背景，其中黄为麻省理工大学斯隆管理学院副教授，而卡纳则是哈佛商学院教授。回顾该文章，其中提到的观点至今仍有深远意义：

“从整体来讲，印度还无法超过中国，但在一些关键领域印度已取得了领先地位。这些领域的成功很可能推动印度加快赶超中国的脚步。如果这被证实，则不但可以说明培养本土企业家是保持经济长期发展的重要因素，而且可以证明中国所追求的依靠外国直接投资（FDI）拉动经济增长的方式是有局限性的。”②

就在同一年，美国投资公司高盛在其报告中提出了“金砖四国”的概念，即用四个字母分别代表四个将在21世纪中期崛起的新兴经济大国——巴西、俄罗斯、印度和中国③。

---

① 王义伟：《中国的崛起：美国霸权支柱的倒塌》，载于《哈佛国际评论》，2007年3月22日刊。

② 黄亚生、塔鲁恩·卡纳：《印度能超过中国》，载于《外交》，2003年7—8月刊。

③ 下面有关“金砖四国”经济的预测，请参阅相关报告：多米尼克·威尔逊、卢帕·普鲁索珊曼《与“金砖四国”共同的梦想——通往2050年》，全球经济论文第99号，高盛投资公司，纽约，2003年10月1日刊。

后来，卡纳——这位原先对印度发展模式持乐观态度的学者也似乎改变了他的观点。他最近的研究报告显示：如果更客观、真实地分析印度经济发展状况，那么同北部的邻居中国相比，印度的经济前景并不像人们预期的那样乐观。卡纳也完全放弃了原来秉持的这两个亚洲巨人之间正进行竞争的观点。[①]

经济历史学家安古斯·麦迪逊[②]在他一份篇幅宏大的调查中，主张从整个历史进程角度去审视当前的发展阶段。根据他计算，至少从公元元年起一直到19世纪早期，中、印两国的经济总量大约占全球GDP的一半左右（见图1.1）。在此期间，中国和印度绝大多数时间里都保持着国家的稳定和统一，他们拥有世界上最庞大的人口，并引领着科技的潮流。[③] 而2007年，中、印两个经济体只占了全球净产值的7%。如果两国继续保持目前经济增长率，那么在未来的几十年中，中、印将重回历史巅峰。两国为经济复苏所做的不懈努力似乎也印证了这一观点。

国际社会对印度经济复兴的关注引起了印度国内精英们的自满情绪，这不是没有理由的。近年来，印度经济一直保持着接近9%的高增长率（见图1.2）。与此同时，我们也见证了欧亚大陆间各个经济体所爆发的惊人经济增长力。在过去十多年中，东盟各国都取得了令人瞩目的发展成绩，其中最近的例子就是越南作为新兴市场正在不断崛起。[④] 就连孟加拉和巴基斯坦（前者曾经

---

① 塔鲁恩·卡纳：《亿万富翁：中国和印度如何重塑他们的和你们的未来》，哈佛商学院出版社，2008年出版。

② 安古斯·麦迪逊是格罗宁根大学经济系的名誉教授。他在全球范围内享有经济增长量化理论先驱的盛誉，主张通过国际比较学研究以历史的眼光分析问题。

③ 安古斯·麦迪逊：《世界经济：新千年的视角》，经济合作开发组织发展研究中心2001年出版。安古斯·麦迪逊：《世界人口：公元元年至公元2003年GDP总量和人均GDP变化情况》，2006年11月出版。关于布莱恩·海格对麦迪逊观点进行评判的情况，请参考《世界经济：历史数据统计》（经济合作开发组织2003年版），该文刊登在《经济档案》第81卷，第252号（2005年3月出版），第91页—第93页。

④ 在过去两年里，越南经济发展速度位居欧亚大陆国家中第三。

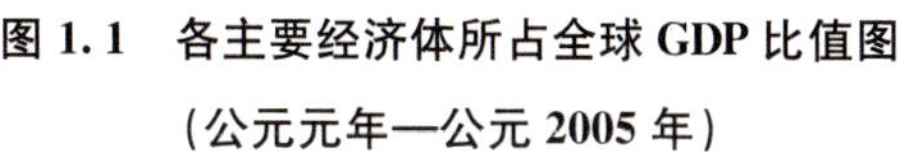

图 1.1 各主要经济体所占全球 GDP 比值图

（公元元年—公元 2005 年）

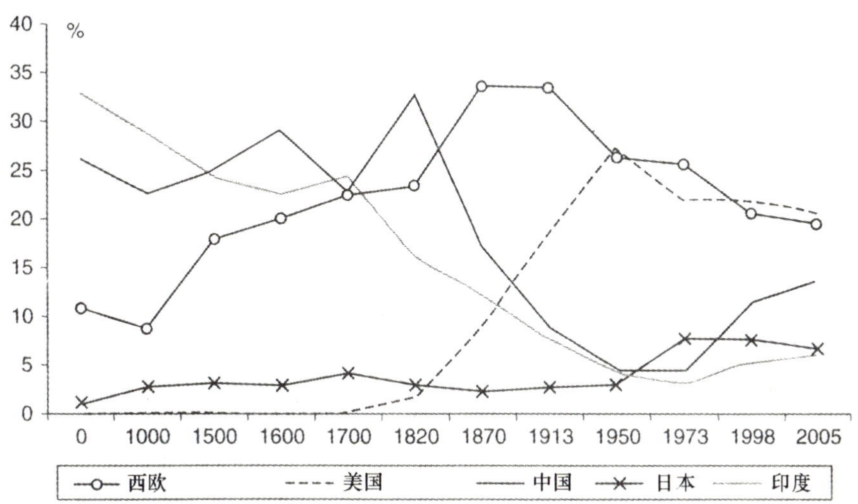

资料来源：安古斯·麦迪逊，《世界经济：经济世纪观察》，经济合作开发组织发展研究中心，2001 年出版。该图表摘录了索鲁·伊斯雷克 2005 年 7 月《世界经济中的中国和印度》（澳新银行发表）一文中的部分内容。

说明：世界银行最新研究显示，根据购买力平价制度计算方法，对一些国家的 GDP 总量和人均 GDP 数字进行了修正，其中包括中国和印度。新的数据显示，中国 GDP 总量占世界总产值的 9.7%，而印度则为 4.3%。报告全文刊登在以下网站：www. worldbank. org/data/icp.

被亨利·基辛格称为“扶不起的阿斗”，后者则被称为“失败的国家”）都有不俗表现。更重要的是，近年来俄罗斯政治经济发展都取得了前所未有的成就，而 10 年前这还是一个几乎被世界抛弃的国家。俄罗斯的复兴使欧亚大陆经济力量进行了重新分配，最终导致全球经济格局的改变。① 作为一个拥有巨大劳动力

① 左拉瓦·多利特·辛格：《俄罗斯的重新崛起：商业现实主义使印度受益》，《论坛报》2007 年 2 月 6 日刊（在过去十年间，俄罗斯外汇储备增长了 35 倍，达到 4200 亿美元，仅次于中国和日本位居世界第三）。

市场并保持高经济增长率的国家，印度必将使世界经济的重心不断向亚洲倾斜。

图 1.2　2004 年—2008 年增长率

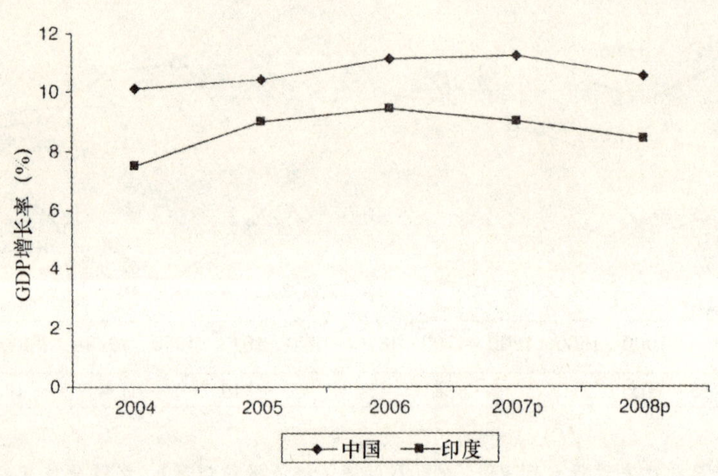

P＝国际货币基金组织预测

资料来源：国际货币基金组织，《经济学家杂志》，经济贸易合作组织。

近期，许多研究显示这种倾斜在本世纪中期将变为现实。根据高盛银行预测：截至 2050 年，全球三大经济体将分别是中国、美国和印度（见图 1.3）。但更令人感兴趣的是，这三大经济体与其他国家间的差距究竟有多大。位于第四位的将是日本，它的 GDP 总量只占到印度的四分之一。当然，这一切在很大程度上都要建立在印度不断深化经济结构改革的基础上。

近年来，世界不但越来越关注印度的崛起，更关注这种崛起对印中关系可能带来的影响。印、中两国都在积极尝试重新评估彼此目前的关系和这种关系在未来的发展，这一趋势以温（家宝）—辛（格）新德里联合声明的签署为标志达到了最高潮。在这份签署于 2005 年 4 月的声明中，中印关系被定义为“战略合作伙伴关系”。2006 年，印、中又举办了“友好年”庆祝活动，看得出双方都在为保持这种状态不断做着努力。

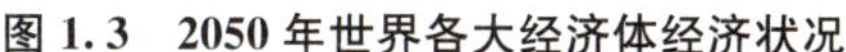

图 1.3　2050 年世界各大经济体经济状况

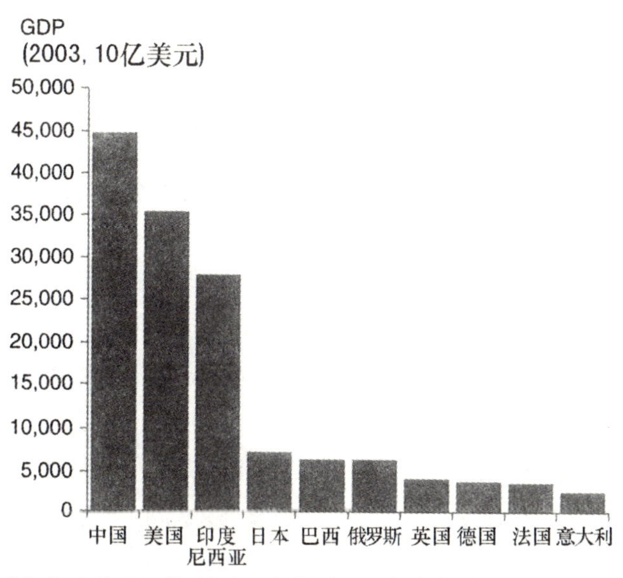

“金砖四国”发展模型推演，高盛银行。具体内容见评估报告。

资料来源：http：//www2. goldmansachs. com/insight/research/reports/99. pdf

然而，两国始终对彼此保持着警惕和怀疑，当双方在一些问题上产生摩擦时会加剧这种状态。就在 2006 年 11 月中国国家主席胡锦涛访问印度前夕，中国驻印度大使孙玉玺再次提出了边界问题，他宣称中、印实际控制线地区的边界问题实际上是领土纷争，中国政府拥有对印度阿鲁纳恰尔邦（前东北边境区）的主权。但就在产生政治争端的同时，中、印两国贸易却发展迅速，两国政府近期都表示：到 2010 年，中、印两国双边贸易额每年将达到 600 亿美元。[①] 如果要实现这一目标，两国急需改善边境交通及贸易环境。中、印目前都已开始着手军事现代化建设。

① 社论：《中国与印度的密切联系》，人民网 2008 年 1 月 15 日发表。

有趣的是，俄罗斯和以色列在中、印两国问题上都扮演着重要角色。印度与俄、中两国的非军事贸易量微乎其微，相比之下，中国在能源上却越来越依赖于俄罗斯。虽然2005年俄中边境争端得到最终解决，但俄方仍对中国人大量涌入俄在远东的腹地时刻保持警惕，这些地区一直以来人烟稀少。目前，虽然印、中、俄正在着手建立一种三边机制，但各方的首要任务是本国社会经济的复苏，以加快同世界经济的融合脚步。这一发展定位无疑会影响各自的外交政策，经济上的现实主义迫使他们必须在国际体系中建立全方位外交关系。在这种情况下，也就不难理解三国都在积极寻求与华盛顿保持建设性联系的原因。

虽然印、中两国十分关注各自所处的地缘政治环境，但在可预见的未来，两国更致力于将重点放在国内。一位知名的中国问题学者大卫·兰普顿将此政策定义为“以内导外”。两国人口年龄结构都很年轻，且年轻人的志向越来越宏伟。此外，两国都受到发展所带来的问题困扰，特别是各地区和各阶层间发展不平衡的问题。目前来看，未来两国发展将面临相同的挑战。

1962年，印、中发生激烈的军事冲突，这宣告两国关系蜜月期的结束。虽然自20世纪70年代末开始，双方和解的努力从未中断，但那场战争的失利对印度造成了极大的心理阴影，双方仍对彼此保持着警惕。对印度来说，关注更多的是不断同中国拉大的经济差距；对中国而言，更警惕的则是作为民主国家的印度与美国联手对其进行遏制。不是只有中国这样想，印度共产党领袖普拉卡什·卡拉就曾公开表示，决不能对中国被包围坐视不理。但卡拉却对另一个现实视而不见，那就是中国正试图同孟加拉、缅甸、甚至尼泊尔建立密切的军事联系，更不要说同他的保护国巴基斯坦关系的发展了。印方认为，这是中国在试图对印度形成包夹之势。

印度外交部长普拉那·慕克吉最近重申了印度对其北方邻国

的政策。他表示，新德里方面“充分意识到中、印两国存在的包括边界问题在内的各种差异”，并认为在经济领域中国同印度之间进行“一定程度的良性竞争”是“不可避免的”，“中国在印度外交中占有优先位置，是印度‘东向’政策的重要组成部分”。与此同时，印度将继续致力于“同中国在平等的地位上通过和平对话的方式”解决分歧。因此，新德里方面对华政策的根本范式是“寻求同中国建立全面发展的联系，避免分歧对两国关系的影响。”①

然而，目前令印度最担心的是经济上中、印两国的差距越拉越大。从世界范围来看，在绝大多数情况下，除非经济差距得到实质性的缩小，否则政治角逐就不可避免。② 虽然对印度而言，这样的目标似乎过高，但仍有许多权威人士坚信，印度具有应对这一重大挑战的能力。

本书将对中、印两国经济状况进行分析，旨在告诉读者两国间的实际差距。书中还重点阐述了中国自 1978 年实行“开放”以来经济成长的轨迹和发展战略。世界银行对中国发展做出的评价是“历史上消除贫困数量最大、速度最快的国家”。众所周知，中国的经济发展走了一条以出口为拉动、制造业为主导的现代化道路，而这种发展模式使中国很快赶超了其他东亚伙伴。自 2000 年以来，中国的国际经济往来发展明显，这主要体现在边境贸易和对华投资等方面，这些从根本上改变了全球生产要素和产品市场的结构。我们将从东亚地区劳动分工的角度来阐述这种改变，因为这种变化使中国取得了整个区域生产结构的中心地位，而相

---

① 《印度“东向”政策：目标瞄准中国》，《印度报》2007 年 9 月 15 日刊；普拉纳·穆克吉、P·S·苏利亚纳阿亚那：《中印战略关系走向成熟》，《印度报》2007 年 9 月 18 日刊。

② 阿伦·索里：《放开刹车踏板，追赶中国脚步》，《印度快报》，2006 年 11 月 7 日刊；拉姆塔努·马伊德拉：《印度经济为何落后于中国》，《亚洲时报》2003 年 6 月 27 日刊。

比之下，印度却被排挤出去了。[1] 此外，我们还将说明，中国经济在亚洲的崛起并不是单纯依靠自身的经济活力，而是与美国和西方在东亚的经济发展密切相连，中国在其中更多地发挥了欧美国家制造业管道的作用。最后，我们将对中国经济发展中的重要经验进行总结，为印度经济重新取得历史性辉煌提供借鉴。

同时，我们相信，中国的发展有许多值得印度学习的方面，特别是如何从一个传统的农业国家成功过渡到一个制造业和出口大国。中国制定了许多通过吸引国内和国外投资者来提高制造业发展的政策，对此，印度可以在借鉴的基础上加以改善，以适应本国政治经济发展的需要。中国在国有企业改革方面的经验也是十分宝贵的，特别是如何改变国有企业机构臃肿、效率低下、官僚作风盛行的状况，使之更具活力。在印度的国营企事业单位里存在着同样的问题。此外，中国在其他方面也有很多经验值得学习，比如在管理方面通过建立标准来推动改革，我们希望印度也能在这些方面做得更好。

虽然近年来中、印两国在经济发展方面取得了辉煌的成就，但仍属于非常贫穷的国家。两国的人均收入远远低于经济合作开发组织国家的标准，甚至还远不及南非和一些东盟国家。此外，两国还有大量的农业人口依靠种地维持生计。当然，两国也存在许多差异，这将是本书第二章论述的重点。相比之下，印度的问题似乎更严重，而中国的发展为印度指明了一条道路，即印度急需加快工业化发展的步伐。目前，印度经济的发展主要依赖于服务业的增长水平，从2003年到2007年间，服务业对印度GDP的贡献率达到了69%。这似乎证明印度经济已跳过了工业化阶段而直接进入后工业化经济发展时期。

根据最新研究显示，印度86%的生产力人口（约合3.95亿

---

① 当然，这里所指的是全球制造业供应链条情况。如果从国际经济分工的角度进行分析，三个国家将脱颖而出：俄罗斯优势在于能源和商品贸易，中国优势在于电子消费产品生产，印度优势在于以科技辅助的服务业。三者各自成为相关优势领域的全球供应基地。

人）处于没有工会组织的状态下。研究表明，2004—2005年间，91%的农业人口、64%的农村非农业人口和52%的城市非农业人口的平均收入远低于中央政府制定的最低工资标准（66卢比/天）。甚至57.3%的农村固定劳动人口和47.2%的城市固定劳动人口收入也低于这一标准，而这些人基本是处于无工会组织状态下的。[①]

实际上，印度政府制定的消除贫困目标本身是很难达到的。目前，政府以卡路里的摄入量作为衡量贫困的标准，即城市人口人均每日摄入2100卡路里，农村人口标准为2400卡。要达到这一营养摄入量（约合650克谷物），根据1979年的计算标准，转换为最低收入分别是城市人口每月454卢比、农村人口每月327卢比。30年后的今天，这样的营养标准显然早已过时。不但如此，这一标准中还未涵盖其他基本生存要素，如医疗保健、教育、电力供应、饮水供应、卫生服务、服装以及住房等。如果将这些基本需求全部计算在内，则最低保障收入应接近每月840卢比。根据这一标准计算，印度69%的人口生活在贫困线以下。[②]

很明显，仅仅依靠技术支持的发展是不能持久的，如何发挥广大农村地区大量剩余劳动力的作用是印度经济能否平衡发展的关键。预计未来10年间，印度将新增7500万至1.1亿适龄劳动

---

① 根据《非组织部门行业工作条件及生活状况改善情况的报告》反映，印度政府于2004年9月成立了非组织部门企业委员会，并任命阿朱那·森古博塔博士为主席。该报告由非组织部门企业委员会编写的是第一份研究印度该领域就业状况的权威文章。根据委员会的权威认定，64%的非组织部门劳动力集中在农业领域，其他则从事非农业工作。其中的绝大部分，包括农业人口中的64.8%以及非农业人口的62.8%为个体经营者。34.6%的农业人口和19.8%的非组织部门领域非农业人口为临时性工资收入。（下载该报告地址为：http://nceus.gov.in/condition_of_workers_sep_2007.pdf）。

② 莫汉·古鲁斯瓦米、罗纳德·约瑟夫·亚布拉罕：《重新定义贫困——新印度的新贫困线》，政策研究中心，新德里，2006年2月刊。（网址：http:cpasindia.org/reports/16-redefining-poverty-line-india.pdf）

人口，增加产业工人就业机会的发展战略显得尤为重要。

然而，经济发展是一项系统战略，必须要解决相关制约的因素和问题，包括基础设施建设、能源安全、食品安全、教育医疗质量、研究实验能力、科学技术水平等。正如贾迪什·巴格沃蒂在15年前所说的："印度的决策者们低估了健康、营养、教育这些方面在经济发展中的作用，因此缺乏相关投入"。① 持相似观点的另两位学者最近也表示："在印度的发展过程中，没有一个领域像教育领域一样口惠而实不至的矛盾如此突出。"② 而且，这种漠视还在不断发展。

此外，在农业改革方面，也急需确立一个内在的发展模式，目前印度农业劳动力占总就业比例的60%，约合6亿人口。中国发展的经验表明，正是重视了对这些重要领域的投入，中国才取得了过去25年的经济腾飞。在可预见的未来，这些因素还将继续在经济发展过程中发挥重要作用。如果印度的决策者们仍不能成功解决这些问题，那么印度追求大国地位只能成为一纸空谈。③

① 贾迪什·巴格瓦蒂：《转型中的印度：为经济松绑》，牛津，英国：克莱伦敦出版社，1993年出版。

② 戴维什·卡普尔、珊尼尔·吉尔纳尼："首要关切"，载于《印度时报》，2006年4月23日刊。

③ 左拉瓦·多利特·辛格：《印度增长的实力：谬论还是事实?》，《世界事件》第11卷，第4号，2007年冬季刊。

第二章　印度与中国：主要社会经济指标概况

经济社会发展状况对比

近年来，尽管印、中两国保持了很高的经济增长率，GDP绝对值更是位居世界前10位，但仍未脱离极度贫穷的国家之列，而且印度比中国的境况更差。表2.1对此状况进行了反映。2007年，按GDP总量计算，中国排名世界第3，达到3.25万亿美元，印度则排名第10，为1.132万亿美元。这使得这两个亚洲的巨人取得了很高的国际地位。然而，如果按2005年的人均收入来重新计算，中国和印度将跌出第一集团，其中印度排名第92、中国排名第71，这一指标被认为更能真实反映普通民众的真实生活状态。近年来，我们更倾向于用购买力平价制来衡量两国经济，虽然从这一角度来看似乎对两国更有利，但却对实际排名收效甚微。按此方法计算，中国仍排在全世界第62位，而印度仅名列第82位。

表 2.1 2002 年和 2007 年度世界经济十二强（名义 GDP）

2002 年			2007 年		
国家	GDP（美元 10 亿）	人均 GDP（美元）	国家	GDP（美元 10 亿）	人均 GDP（美元）
美国	10407	36350	美国	14020	45790
日本	3919	30850	日本	4382	34380
德国	2025	24540	中国	3250	2460
英国	1582	26670	德国	3235	39150
法国	1465	24450	英国	2731	45160
中国	1454	1130	法国	2540	41550
墨西哥	649	6330	巴西	1267	6690
韩国	547	11480	俄罗斯	1183	8340
印度	508	490	印度	1132	1020
巴西	506	2870	韩国	965	19690
俄罗斯	345	2380	墨西哥	876	8060

资料来源：《经济学人智库》，2007 年。

表 2.2 国际贫困线标准

	收入低于 1 美元/天 人口数量	收入低于 2 美元/天 人口数量
中国	16.6	46.7
印度	34.7	52.4

资料来源：《世界发展指标》，2006 年。

★对中国的统计截止时间为 2001 年，对印度的统计截止时间为 1999—2000 年。因此部分数据可能出现调整。

表 2.3　国内贫困线标准

国家	调查年份	农村地区（%）	城市地区（%）	全国地区（%）
中国	1998	4.6	<2	4.6
印度	1999—2000	30.2	24.7	28.6

资料来源：《世界发展指标》，2003 年。“<”为低于。

即使利用购买力平价制这种方法来计算，中、印两国仍不能摆脱贫穷的事实。根据联合国开发计划署颁布的标准，人均最低保障收入至少达到每日 2 美元的标准才能满足基本需求。如按此标准衡量，中国和印度则仍属贫穷国家。相比之下，印度则更不如中国（见表 2.2、表 2.3）。令印度领导人更为忧虑的是，相比印度，中国更有可能在可预见的未来逐渐建立一个更加平等的社会，而这对印度来说却有点遥遥无期。值得注意的是，在这个瞬息万变的时代中，期望也在随之不断改变，这就会不断为我们提出新的挑战。（见表 2.4、表 2.5）

中国不但在经济领域取得了举世瞩目的成就，也在社会发展领域成果累累。其中最显著的方面就是中国以极快的速度完成了扫盲，民众受教育程度普遍提高，这为中国的现代化进程奠定了基础。但真正值得引起印方注意的是，虽然中国在教育方面的投入占 GDP 比例与印度相似，但却在这方面做得更好。这表明，中国的教育体制更优于印度。同样的现象还出现在医疗健康领域，中国政府的投入虽然只占到 GDP 总量的 1%强，却取得了令人惊讶的成绩。最近，印度总理指出，目前的首要任务是提高政府的效率和应对能力，以期更好地为国家目标和民众需求服务。很明显，他比其他那些被推选出来的、把握政府要害部门的政要更了解事实真相。印度一位顶尖的研究发展问题学者萨纳斯表示，虽然印度用于健康保障方面的支出占 GDP 的比例不断增加，但印度是全世界六个医疗体系私有化程度最高的国家之一。在城市地区，印度的医疗水平毫无优势可言，人员极度匮乏，医疗服务严重不足。而对农村地区的居民来说，大体上只能依靠自身来进行医疗救治了。即使如此，印度在农村医疗上的开销仍占其农村地区总债务的第二位（图 2.1）。与金砖四国的其他成员相比，一项能够反应印度在健康医疗方面处于落后位置的指标是婴儿死亡率（5 岁以下婴儿）。据调查，印度的婴儿死亡率达到了 7.6%，而这一指标在俄罗斯、中国和巴西则分别只有 1.6%、2.4%和 2%。

图 2.1 2000 年公共健康开支中公共开支部分

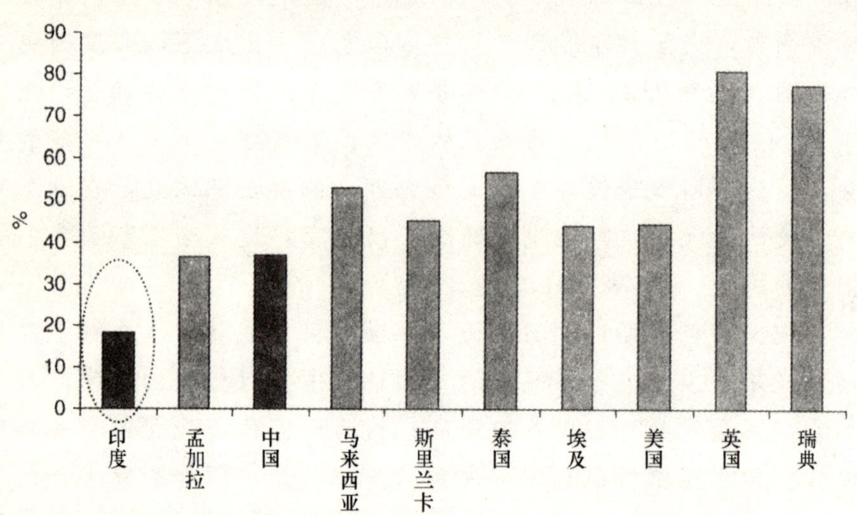

资料来源：《联合国开发计划署人类发展报告》，2003 年。

联合国开发计划署曾以寿命、受教育水平以及收入作为主要指标制定了人类发展指数（HDI），该数据显示了中国在上述领域相比印度所取得的巨大成就和优势（表 2.4）。从 1970 年到 2004 年，印度的 HDI 指数从 0.254 上升到了 0.611，而同期中国则从 0.372 上升到了 0.768。我们必须清楚地看到，直到 1970 年中国的人均收入还低于印度（图 2.2）。

表 2.4　人类发展指数（HDI）

国家	1997 年		2005 年	
	HDI 指数	排名	HDI 指数	排名
瑞典	0.881	2	0.9566	
澳大利亚	0.862	12	0.962	3
加拿大	0.887	1	0.961	4
荷兰	0.867	10	0.953	9
美国	0.881	3	0.951	12
日本	0.875	6	0.9538	
瑞士	0.872	8	0.955	7
英国	0.873	7	0.946	16
中国	0.372	64	0.777	81
印度	0.254	82	0.619	128

资料来源：《印度统计概况》，印度塔塔经济咨询中心。

表 2.5　社会领域主要指数

种类	印度	中国
小学总入学率（%）	116.0	118.0
成人非文盲率（%）	61	91
工业制造领域劳动力平均成本（美元/每年）	1192	729
公共教育开支（占政府总开支%）	10.7	12.8*
每 1000 人中医生数量	0.6	1.5
公共健康开支（占 GDP%）	5.0	4.7
人均公共健康开支（美元）	31.0	71.0
人均公共健康开支（按购买力平价制计算，美元，2003 年）	82.0	278.0
避孕普及率（%）	47.0	87.0

资料来源：《印度统计概况》，2007—2008 年，印度塔塔经济咨询中心。

⋆ 1990 年水平。

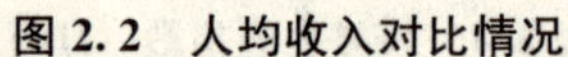
图 2.2 人均收入对比情况

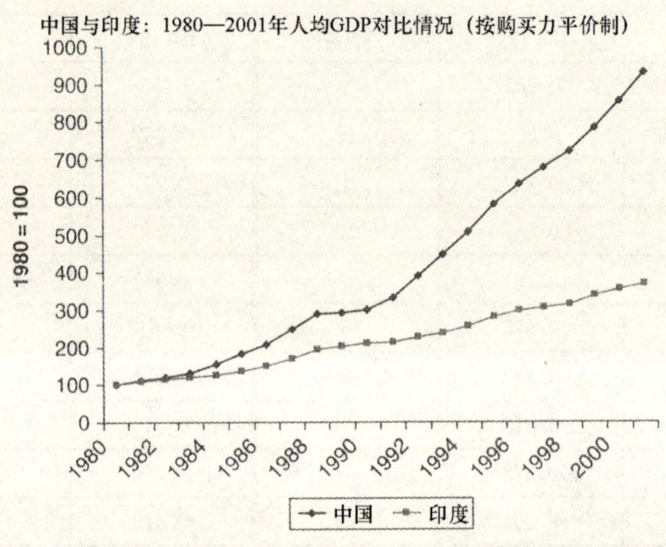

资料来源：www. worldbank. org/data/icp

说明：近期，国际物价对比（ICP）项目公布了根据购买力平价制计算调整后的各国 GDP 总量和人均 GDP 情况。新数据显示，按照平价制计算，中国的经济总量比此前预想的减少了 40％左右，而印度的情况也大致如此。中国调整后的 2005 年人均 GDP 约为 4091 美元，同期印度则为 2126 美元。报告全文请搜索：www. worldbank. org/data/icp。

仅以电力发展为例，中国相比印度占有绝对优势。中国的发电量是印度的 2.5 倍，而人均用电量的差距则更大。但印度则似乎在地域联系方面做得更好。虽然从国土面积来看印度只有中国的三分之一，但其却有更完善的铁路和公路网。由于路网发展不完善，加之国土面积过于庞大，中国在航空业方面的发展水平远高于印度。但近两年来，随着印度航空运输业的发展步伐不断加快，这一差距正在逐渐缩小。（表 2.6）

表 2.6　基础建设状况一览表

项目	印度	中国
发电量（十亿千瓦时）	667.8	2199.6
人均用电量（千瓦时）	457.0	1585.0
铁路总里程（公里）	63465.0	62200.0
公路总里程（公里）	3319644.0	1402698.0
航空运输旅客能力（千人）	27528.0	136722.0

资料来源：《印度统计概况》，2007—2008 年，印度塔塔经济咨询中心。

当然，中国不仅在电力生产和消费方面领先于印度。到 2007 年底，中国的装机发电容量达到印度的 5 倍，在电力输出方面也远强于印度。中国在电力输出和分配过程中的损耗率仅有 6.8%，而印度则高达 23.4%，其中大部分被偷用。这就能解释为什么中国平均每千瓦用电费用比印度低 3.2 美元了。虽然印度的费用更高，但 2004 年印度电力行业亏损达到 2201.3 亿卢比。[①]（表 2.7）

表 2.7　能源状况一览表

种类	印度	中国
发电能力（百万瓦）	141500.0	713000.0
输送和分配损耗率（占总能源的百分比%）	23.4	6.8
电力税收（美元/100 千瓦）	7.53	4.3
能源使用（人均石油占有量，单位：千克）	520.0	1094.0

资料来源：2006 年《世界发展指标》；2004—2005 年《印度统计概况》，印度塔塔经济咨询中心；印度能源部："2007 年底印度装机容量"；"2007 年底中国装机容量"，新华社 2008 年 2 月 8 日。

① 《推动电力改革》，《合众论坛报》，2005 年 2 月 26 日刊，www.tribuneindia.com。

很显然，中国在其他主要行业方面也具有明显优势。在粮食产量方面，中国是印度的2倍，中国的人均粮食所有量远高于印度。虽然近年来印度的粮食产量提高了很多，但人均所有量并没有明显增加，考虑到未来数十年印度的粮食需求量将会大幅提升，这一状况引起了广泛的担忧。许多专家认为，印度的粮食生产量只有保持4%的年增幅才能满足不断增长的需求，而目前增幅仅为1.1%。[①]（有关印度农业状况的详细情况可登陆英联邦议会协会网站 www.cpasindia.org，参考文章“印度农业的潜在危机”。）

其他反映中、印两国巨大差距的数据还包括钢铁和水泥产量。中国目前的钢铁和水泥产量分别是印度的10倍和6倍。虽然在钢铁产量上保持优势，但近年来中国仍是印度铁矿石的主要出口国之一。此外，虽然利用煤炭发电仍占印度总发电量的57%[②]，但这一比例已开始呈下降趋势。其中一部分原因是由于印度的煤炭产业大多数掌握在各邦手中。相比于其他高效能源，煤炭的危害性也显而易见。中国的煤炭产量是印度的4倍。另一方面，虽然印度拥有很大的煤矿储量，但已开始进口煤炭（表2.8）。

表 2.8　工农业生产状况一览表

百万吨/年	印度	中国
钢铁产量	29	163
水泥产量	109	650
粮食产量	210	418

① 《GDP各部分实际增长率（按生产要素成本计算）》，《经济调查》，2004—2005，印度政府出版，综述，第3页。

② 计划委员会，2007年。

续表

百万吨/年	印度	中国
原油产量	40	160
煤炭产量	300	1300

资料来源：《印度统计概况》，2004年—2005年。印度塔塔经济咨询中心。

相对于产量而言，工业增加值更能说明经济发展的阶段和水平。中国的工业增加值是印度的2倍。此外，中国工业对GDP的贡献率也达到了印度的2倍。这两个重要指标说明：与中国相比，要想获得更广阔的海外市场，并为每年数以百万计的新增劳动力创造更多就业岗位，印度还有很长的路要走。另外两个非常重要指标间的比较结果是国际贸易在中国经济中发挥的作用更大，而且中国的资本形成总额（GROSS-CAPITAL FORMATION）更高。这表明中国将继续保持领先地位，印度如果想赶上中国，就必须下决心发展工业生产并占有更大的国际市场份额。（表2.9）

表2.9　2003年经济亮点一览表

占GDP比例	印度	中国
农业附加值	22	15
工业附加值	27	52
商品及劳务输出	14	34
商品及劳务引进	16	32
资本形成总额	24	44

资料来源：《世界发展指标》，2005年。

中国对外行业的发展有条不紊。目前，中国的出口总量是印度的8倍，进口总量是印度的4倍。中国的资金储备量则是印度的7倍。（见表2.10）

表2.10 出口部分对比状况一览表（截止2008年底）

十亿美元	印度	中国
出口	176	1465
进口	287	1156
经常账目	−38	416
外汇储备	250	1951

资料来源：《美国中央情报局世界概况》，世界银行。

过去10年里，中国相对较低的关税水平促进了出口行业发展并吸引了大量海外投资。1992年，中国所有商品的平均关税水平为40.4%。2004年，这一水平降低为9.8%。对于印度而言，虽然也经历了关税下调，但幅度却远不及中国。同样，2004年印度手工业产品的平均关税为27.9%，而中国则为9.7%，仅为印度的三分之一。（见表2.11）

表2.11 中印关税壁垒情况一览表

	全部产品（平均关税水平%）		手工业产品（平均关税水平%）	
国家	1992年	2004年	1992年	2004年
印度	79.0	28.3	79.9	27.9
中国	40.4	9.8	40.6	9.7

资料来源：《世界发展指标》，2006年。

改革后的表现

把印度和中国各自改革头10年所发生的变化作对比是很有启发意义的（印度改革从1992年开始，中国改革从1979年开始）。中国在改革头十年中经济进入高速增长阶段，现代化程度迅速，经济年平均增长率达到5.52%。而更为重要的是，1980年婴儿死亡率降低到4.2%，人均寿命达到67岁，成人识字率达到66%。相比而言，20世纪80年代，印度的经济增长率更快，达到5.7%，但婴儿死亡率高达11.9%，人均寿命仅为59.2岁，成人识字率也只有48.41%（表2.12）。印度在2005—2006年进行了“第三次国民健康状况统计”，此次统计采取了新的判断标准，排除了以往标准中对严重疾病和受伤害儿童的计算，只对“新生儿健康寿命”进行了预测。数据显示：2002年，印度妇女的平均健康寿命仅为54岁，而中国为65岁、墨西哥为68岁、美国为71岁。此外，46%的印度儿童存在营养不良的问题，而中国仅为6%、印度尼西亚为20%、巴基斯坦为31%、尼日利亚为27%。在此次健康统计中，指数显示印度比哈尔邦和北方邦的情况最糟，泰米尔纳德邦和克拉拉邦的情况最好。[①]

人们对中国表现出色的原因给出了很多解释，但其中阿玛塔·申的解释最为准确，他写到：“中国的表现优于印度是因为其在改革前的基础更好，并不是因为在改革中根本方向的调整。”

---

① 珊卡·阿查利亚：《管理与健康》，载于《商业标准》，2007年8月30日刊。文章链接：http：//www.business-standard.com/india/storypage.php? autono = 296267。

表 2.12 改革前阶段社会主要指数一览表

	1980 年中国	1991 年印度
婴儿死亡率（每 1000 人）	42	119
平均寿命（年份）	67	59.2
成年人非文盲率	66	48.41

资料来源：《印度健康报告》，联合国教科文组织；《世界发展指标》，2003 年；森和德雷茨①。

可能另一项对比更能说明问题。1978 年，在中国改革前夕，中国人均 GDP（以 1995 年美元为标准）为 148 美元，同年印度的人均 GDP 达到了 236 美元。在中国改革 7 年后的 1986 年，中国人均 GDP 就赶上了印度（中国 278 美元对印度 273 美元），而在改革 10 年后的 1988 年，中国人均 GDP 已达到 342 美元，印度则为 312 美元（图 2.2）。改革第一个 10 年中，中国经济年增长率达到 10.1%，而印度则为 5.7%（图 2.3，表 2.13）。非常明显，第一个 10 年是印度落败的 10 年。

那么印度在改革第一个 10 年中究竟取得了什么成就？1992 年，在印度改革开始的第一年，印度人均 GDP 为 331 美元，2001 年这一数据为 477 美元。同时期，中国人均 GDP 却从 426 美元飙升到 2001 年的 878 美元。整个 20 世纪 90 年代，中国平均经济增长率为 9.7%，而印度仅为 5.9%。很明显，印度从一开始就落在了后面。

① 杰·德雷茨、艾玛特亚·森：《印度与中国》，载于《印度：经济发展与社会机遇》，新德里，牛津大学出版社 1995 年出版。

图 2.3　改革第一个十年中经济增长率比较情况

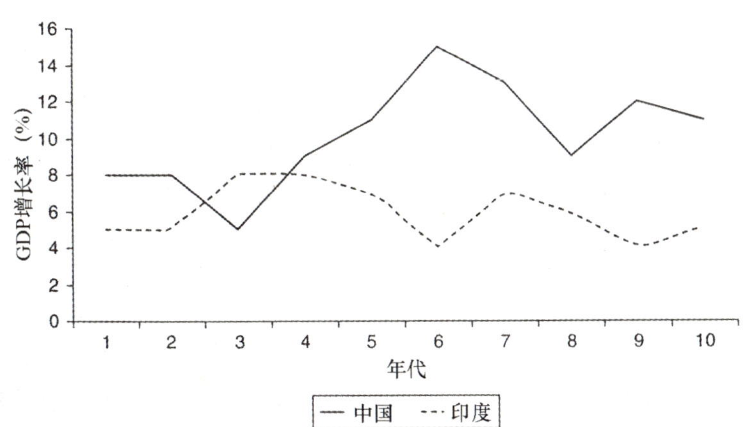

表 2.13　增长率（百分比）

	中国	印度
改革前阶段	5.52	5.7
改革后阶段（第一个十年）	10.1	5.9

资料来源：根据《世界发展指标》计算得出的结果。

自 1979 年以来，中国 GDP 已增长了 8 倍（以 1995 年美元为标准），2003 年达到 1.4 万亿美元。1978 年，中国 GDP 水平低于印度，但却在不久就赶了上来。2007 年，中国经济规模大约是印度的三倍，达到了 3.2 万亿美元。当印度人口达到 10.09 亿时，GDP 只有 1.1 万亿美元，我们似乎在人口水平上赶上了中国，但在 GDP 方面却仍遥不可及。（表 2.14）

表 2.14　GDP 及人口状况一览表

	1978	2007	年增长率 （2000—2004）
中国			
人口（百万）	962.6	1323.1	1.35
GDP（美元，十亿）	141.06	3250.2	9.4
印度			
人口（百万）	648	1110.4	2.51
GDP（美元，十亿）	155	1131.9	6.2

资料来源：《世界发展指数》，2006 年；《国家统计报表》（印度）、《中国统计年报》；《经济学人智库》。

对比研究

事实上，自从踏上改革的道路，中、印两国都发生了很大的转变，但这种转变却不尽相同。1980 年，中国经济扇形结构图中各个产业的比例分别是：农业 30%，工业 49%，服务业 21%。到 1990 年，农业比例为 27%，工业 42%，服务业 31%。到 2003 年，这一结构进一步发生变化，农业比例下降到 15%，工业增长到 53%，服务业则继续保持 32%。请注意工业份额的增长（表 2.15）。印度的变化则与之相反。印度农业比重从 1990 年的 31% 下降到 2003 年的 23%，工业从 28%下降到 26%，而服务业则从 41%增加到 52%（表 2.15）。除软件行业外，对印度服务业增长贡献最大的是公共管理。政府开支以每年 11.73%的比率增长[①]（包括国防及其他政府管理），已从 1992—1993 年度的 2686.46

① 采用复合年增长率公式进行计算：A=P｛（1+R）^N｝

亿卢比增长到2006—2007年度的12707.83亿卢比[①]。2006—2007年度，中央及地方公务人员工资及养老金的开支达到19826亿卢比[②]。而当凯恩斯提出公共开支会促进经济增长时，他并没有把此类开支计算在内。

表2.15 GDP扇形结构分解状况一览表（百分比）

	1980	1990	2003	2006
农业				
中国	30.1	27.1	15	11.8
印度	42.8	31	23	18.5
工业				
中国	48.5	41.6	53	48.7
印度	21.9	28	26	26.4
服务业				
中国	21.4	31.3	32	39.5
印度	35.3	41	52	55.1

资料来源：《中国统计年报》，2001年；《印度统计概况》，2004—2005年，印度塔塔经济咨询中心；《世界发展指标》，2006年；2006年印度数据来自《印度储蓄银行年度报告》，2007年，中国数据来自《中国经济季度报告》，2007年第二季度。

不同的经济扇形结构图反映了中、印两国不同的就业情况（表2.16）。今天，中国的劳动力达到7.05亿人（1999年），其中一半左右从事农业生产，人数达到3.53亿；28%的劳动力从事服务业，人数达到1.9亿；另外22%的劳动力从事工业生产，

① 资料来源：财政部，《中央财政预算中的经济与行政开支》——相关问题。

② 资料来源：《工资及薪酬方面的开支》，载于《经济调查》2006—2007年刊；《2006—2007年国家金融预算研究》，印度央行2006—2007年预算。

人数约 1.62 亿。印度方面，劳动力总数为 3.97 亿（1999 年），其中从事农业生产的人数达到 2.4 亿，占总数的 60.5%；工业人口只有 6700 万，占总数的 16.8%；服务行业的人数虽然有所增长，但也只有 9000 万，约占总数的 22.7%（其中仅政府方面人数就占到 1942 万人）。很明显，从就业情况来看，印度更像一个农业国家（表 2.17）。

表 2.16　1980—2004 年三大产业经济增长率一览表

	1980s		1990s		2000—2005	
	中国	印度	中国	印度	中国	印度
农业	5.9	3.1	4	3	3.9	2.5
工业	11.1	6.9	13.1	6.1	10.9	7.5
第三产业	13.5	6.9	8.9	7.9	10.0	8.5

资料来源：《世界发展指标》2006 年，《印度统计概况》2007—2008 年，印度塔塔经济咨询中心。

表 2.17　各产业就业率状况一览表（百分比）

	中国	印度
农业	43	60.5
工业	25	16.8
服务业	32	22.7

资料来源：《中国统计年报》，相关论题，《美国中央情报局世界概况》，网址：http：//www.cia.gov/library/publications/the-world-factbook/fields/2048.html 2008 年 1 月 29 日发表。

制造业附加值

制造业附加值的大小表明一个国家的工业生产状况。很明显，中国的制造业附加值远高于印度。2001 年，中国的制造业附加值达到 4070 亿美元，而印度制造业附加值只有中国的六分之一，为 670 亿美元。2003 年，中国的制造业总产值占 GDP 总量的 39%，而印度不及中国的一半，只达到 16%。同年，印度的服务业总产值占 GDP 总量比例却高于中国，达到 51%，中国仅为 33%。

表 2.18　附加值及产量状况一览表

	手丁制造业附加值（美元，十亿）		手工制造业附加值（美元，十亿）		服务业附加值（占 GDP 百分比）	
	1990	2001	1990	2003	1990	2003
中国	117	407.5	33	39	31	33
印度	21	67.1	17	16	41	51

资料来源：《世界发展指标》，2005 年。

谁在中国投资

中国最初主要依靠外国直接投资，10 年间外资直接投资额达到了 2900 亿美元（中国对外经济贸易部统计）。（表 2.19）

表 2.19 中、印外资直接投资统计状况一览表

年代	中国		印度	
	外资直接投资入超净额国际收支（美元，百万）	外资直接投资总额（占 GDP 百分比）	外资直接投资入超净额国际收支（美元，百万）	外资直接投资总额（占 GDP 百分比）
1990	3487	1.22	162	0.00
1991	4366	1.40	74	0.03
1992	11156	3.62	277	0.11
1993	27515	7.39	550	0.20
1994	33787	6.60	973	0.33
1995	35848	5.41	2143	0.64
1996	40179	5.18	2425	0.69
1997	44237	5.48	3576	0.90
1998	43750	5.30	2635	0.65
1999	38753	5.54	2168	0.50
2000	38399	4.32	2315	0.58
2001	46900	4.1	3400	0.71
2002	52700	4.2	3400	0.68
2003	53500	3.8	4300	0.72
2004	60600	—	5500	—
2005	72400	2.8	6600	0.68

资料来源：《世界发展指标》，2002 年；《印度统计概况》，2006—2007 年，印度塔塔经济咨询中心。

除了创造数以百万计的就业机会外，外国直接投资使中国成为了世界制造业的中心，1999年外资企业出口额占总出口额的比例从原先的不足2%激增为45.5%。而同期印度这一比例仅为8%。此外，很明显，两国国际贸易占GDP总量的比重也截然不同。2008年，中国的贸易额占到GDP的四分之三（75%），而印度仅为三分之一多（37%）。中国占世界贸易总额的比例也达到6%，而印度仅为1.5%（表2.20）。

表2.20　国际经济联系状况一览表

	外债总额*（百万美元）	外债总额占GDP百分比（%）	外债总额占外汇储备比例（%）	占世界贸易份额（2006年）	外汇储备（百万美元）（2008年）
中国	375.0	12.0	19.0	6.0	1951.0
印度	230.0	20.0	92.0	1.5	250.0

资料来源：《印度统计概况》，2006—2007年，印度塔塔经济咨询中心；《政策研究中心》，世贸组织统计；印度储蓄银行；中国外汇管理局（SAFE）。

*截止2008年12月底。

近期，有人对中、印两国外国直接投资之间的差距提出质疑，认为中国的外国直接投资额被高估了，两国间的实际差距并没有公布的那么悬殊①。早在20世纪90年代前期，国际货币基金组织、世界银行及其他国际机构就曾提出类似观点，认为中国官方公布的外国直接投资额中至少有四分之一以上并非外国直接投资，而是中国大陆流向海外资金的回流，这些资金当初流出国外是为了寻找更为优越的金融、法律服务，而当中国给予外籍投

① 除特别声明外，关于外资直接在华投资被高估的推论全部来自耿晓（音译）的《被反复计算的外资在华直接投资：规模、原因及含义》，载于亚洲开发银行研讨论文，编号7，2004年6月发行。

资者更好的财政支持和保护时，它们又作为外国直接投资回到了中国[①]。如果国际货币基金组织和世界银行的这一论断属实，那么2003年流入中国的外国直接投资额就是350亿美元，而不是原先中国官方公布的538亿美元。中国（以及国际货币基金组织）所谓的外国直接投资所包含的内容与印度不同，在印度被定义为外国投资机构在资本市场的投资以及贷款等，在中国也被算作外国直接投资的一部分。而印度所谓的外国直接投资只包括对工业领域的直接投资[②]。如果以此为基础进行计算，中国外资直接投资比例就会低于印度。事实上，近期印度吸引外国直接投资的力度不断加大，2006—2007年度达到164亿美元。根据预测，2008—2009年这一数字将达到300亿美元。据分析，近期流入印度的外国直接投资的主体包括私人投资资本以及组合投资资本，而不是跨国公司投资资本。私人投资主导的外国直接投资更加关注短期效益，会对管理水平的提高做出一定贡献，而跨国公司投资主导的外国直接投资则更能带来永久的技术革新、更广泛的出口市场以及管理水平的突破[③]。中国的外国直接投资模式主要依赖后一种模式。[④]

政府管理的分散化趋势以及开销

中、印在教育、公共卫生领域的投资占国民生产总值的比例大体相等，但中国取得的成效更为显著。其中有很多值得印度借

① 埃里克森·厄尔斯金：《中国投资增长——谬误还是事实》，澳大利亚和中国自由贸易协定会议，悉尼，2004年8月12—13日刊，网址：www.apec.org。

② 了解关于此问题的详细情况，请参看苏博拉曼尼安·斯瓦米的著作《经济改革及成效：中印相互观点比较》，德里，康纳克出版社2003年出版。

③ T·拉姆·莫汉：《印度的外资投向实体吗?》，载于《经济时报》，2007年10月4日刊。

④ 与中国外资直接投资及其地缘政治影响相关的话题将在下面的章节中详述。

鉴的经验。在共产党领导的体制下，最高权力集中在由少数人组成的领导层中，但在经济领域，如教育、公共卫生等方面，管理权力却呈分散、下放的态势。相比之下，拥有完全不同政治制度的印度却在此问题上保持管理权力的高度集中。这一结论很容易从政府雇员的薪金分布图上得出（见图 2.4、图 2.5）。在中国，中央政府工资及其他开销的比例正在不断下降，已从 1953 年的 73.9％降低至 1998 年的 28.9％。而在印度，下降趋势并不明显，仍常年徘徊在 40％上下（表 2.21）。很明显，中国政府的权力结构正在发生调整，逐级下放，使之与民众形成更好的良性互动。但在印度，这看上去仍像是一个遥不可及的目标，这与早年的中国似曾相识。

图 2.4　中国管理分散化趋势图

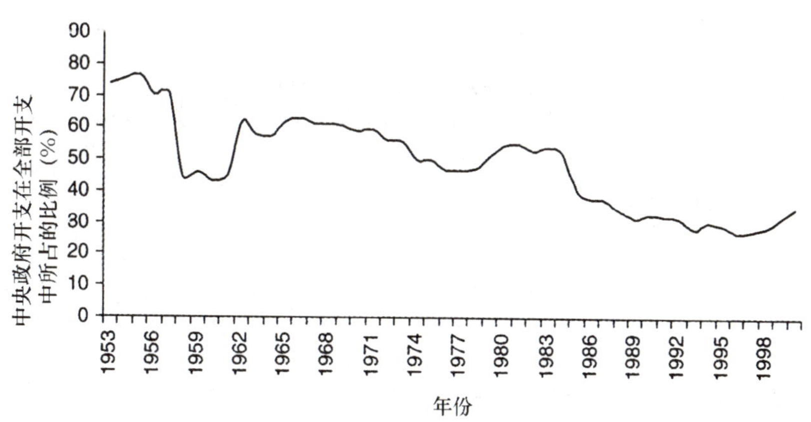

资料来源：《中国统计年报》，多年数据。

图 2.5 印度集中化趋势图

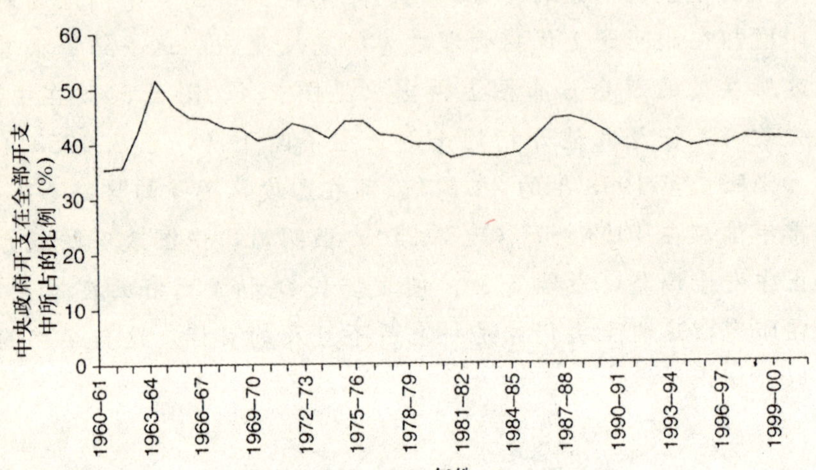

资料来源：《国家统计数据》，多年数据。

表 2.21 中央政府开支占全部开支比例

	中国	印度
1962	61.6	42.23
1970	58.9	41.1
1980	54.3	37.25
1990	32.6	39.42
2000	34.7	40.41

资料来源：《中国统计年报》，多年数据。

关于印度的问题还有一点并未在图 2.5 中得到体现。即自 1991 年开始实施改革以来，中央政府的自由化趋势以及对结构的调整的确起到了为印度经济创造宽松环境的作用。但与中央政府为经济松绑相对的，是地方各级政府对经济的管理不断加强。面对中央政策调整，这些基层精英们制定了自己的计划表，以应对不同地区所面临的不同困境。因此，“可以说印度所进行的自由化改革并不等于对市场放松管理，而是厘清国家经济市场中的各种关系，地方所奉行的加强管理的战略在其中发挥了重要作用。”①

以下评论表达了类似的观点，这是由印度一位公司负责人员于1995年指出的：“过去10年中，绝大多数与德里权力机构打交道的人可能都会感觉到，拜访UDYOG宫（印度中央政府工业部所在地）的人数急剧下降，最后甚至到了门可罗雀的地步。但不幸的是，与此同时，拜访各级地方政府政要的人数却不断增加。为何在管理上会出现这种中央放开手脚、地方握紧拳头的情况呢?”②

而且，这种“由于每个政治及社会群体做出的政治回应各不相同，导致各地区采取了截然不同的吸引投资方式和经济发展模式。”③ 根据阿西玛·辛哈教授的表述，如果一条道路“只是根据国家宏观层面的制度而选择，那一定存在着很大的问题”。另一方面，辛哈教授在其所提倡的“微观制度分析”中提到，“自1996年成立联合政府以来，中央和地方间的利益争执就转移到了内阁中”。不但如此，“一旦无法通过立法来保护或调和地方利益，那么各级政府同中央政府间的谈判和讨价还价就显得更为重要。印度就常出现此类情况。”④ 总而言之，在目前印度的政治经济版图中，各地区的利益集团拥有着对中央决策的否决权。在这种情况下，采取“自下而上”的推动改革的方式需要有更广阔的视野。改革以来各地区经济发展的不同表现进一步说明了这一

---

① 阿萨马·辛哈：《政治转折中的观念、利益和机构——西孟加拉语古吉拉特比较》，摘自《印度各邦比较政治学中的地区反映》，罗伯·杰金斯编著，新德里，牛津大学出版社，2004年版。

② 阿萨马·辛哈：《政治转折中的观念、利益和机构——西孟加拉语古吉拉特比较》，摘自《印度各邦比较政治学中的地区反映》，罗伯·杰金斯编著，新德里，牛津大学出版社，2004年版。第3页。

③ 同上书，第55页。

④ 阿萨马·辛哈：《印度地方政府政治发展轨迹：分裂的巨人》，印第安纳大学出版社，2005年版，第88、263—264页。

问题。

科技研发能力及教育水平对比

印度总理曼莫汉·辛格在2006年10月的演讲中称，印度将加大对科技研发的投资力度，5年内将投资额从目前GDP总量的0.8%提高到2%。从绝对值来看，在过去的10年里，印度在科技研发方面的投资已经增长了三倍。印度科技研发投资中的80%仍是靠政府资金支持的，且其中60%主要涉及国防领域。这种军事工业模式被称为“战略飞地经济模式”，而随着更多的私人投资进入科研领域，这一模式也出现了变化。

为了使资金短缺不再成为印度科技创新的阻碍，2005年印度政府在科学领域的开销增长了24%，达到45亿美元。然而，印度的教育领域（即独立的教学和研究工作）无论是政府还是私人方面，都缺少相应的制度支持，这为印度科技研发能力的提高带来了挑战。世界银行2005年研究显示：“相比于亚洲其他国家，印度经济还处于相对封闭的阶段，应该通过一些渠道，比如外国直接投资或科技引进的方式跟上全球科技突飞猛进的步伐，这样才能确保印度早日赶上类似中国这样的改革发展势头强劲的国家。”①

在世界银行最新发布的知识经济年鉴中，不再仅仅对科技研发能力进行评判，而是对整个系统进行综合分析，其中包括将科技研发转化为宏观经济推动力的能力。根据此标准进行评级，印度1995年的得分为2.8分，而最新的得分甚至还有稍许下降，为2.71分。相比之下，中国的得分从1995年的2.83分上升到目前的4.26分，巴西得分从4.73分上升到5.1分，俄罗斯则继

① 卡尔·达曼、阿努甲·乌兹：《印度和知识经济——负债力量和机遇》，世界银行，2005年7月版。

续稳定在5.9分。

自1995年以来，中国在科研方面的资金投入以每年18%的速度增长，2006年达到410亿美元（表2.22，图2.7）。根据国家统计局公布的数字显示，其中大部分资金来自于私人企业（71%），政府投入位居次席（19%），大学则位列第三（9%）。2006年12月，经济合作与发展组织经调研后表示，以同等购买力水平为基础，中国在科研方面的投入第一次超过日本，仅落后美国位列世界第二[①]。按照经合组织的评估，在上一年度科研投资增长达到20%以上、超过日本1300亿美元的基础上，中国今年的投资额有望突破1360亿美元，但仍大幅落后美国的3300亿美元水平。中国政府近期决定，将在钢铁、煤矿、化工、农业生产器械等四个支柱行业中加快科研合作的进程，以改变工业水平长期落后的现状。外国竞争者不但将得到科技部的金融优惠政策，还能得到其他方面的支持。[②] 总体而言，这将在很大程度上推进中国的生产力发展和本土技术革新能力提高。

表2.22　中国科研支出预算

年份	各类科研支出（十亿美元）	占GDP比例（%）	中央政府（十亿美元）
2004	24.6	1.23	8.7
2010	45.0	2.00	18.0
2020	113.0	2.50	未公布

资料来源：詹姆斯·威尔斯顿、詹姆斯·基利："中国：下一个科技大国?"，摘自查理斯·里德比特、詹姆斯·威尔斯顿《观点图集——描绘新科学分布图》，DEMOS出版社，2007年1月。

---

① "经济合作贸易组织发现，2006年底，中国在科研方面的投资额度将居世界第二位。"经合组织出版社2006年12月4日发布，网址：www.oecd.org。

② "经济合作贸易组织表示，中国需要加大创新力度。"参看《国际先驱论坛》，2007年8月27日。

图 2.6　中国人才从美国“回流”状况

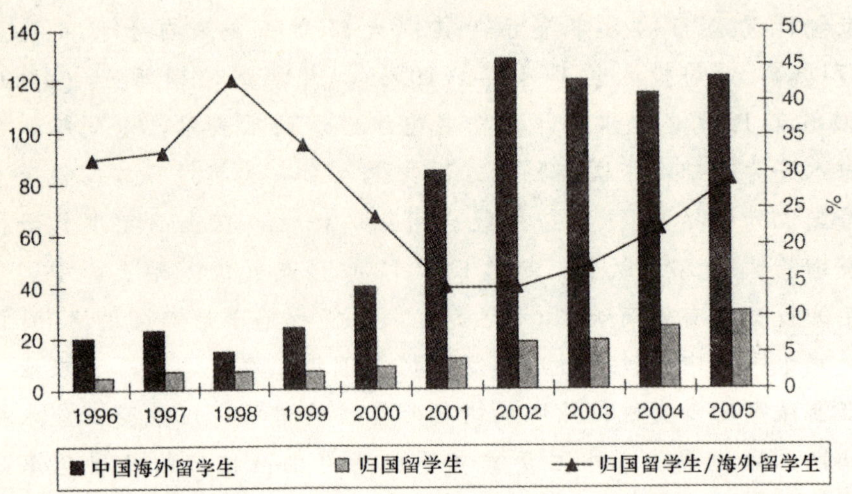

资料来源：经济合作发展组织，《创新政策回顾：中国》，2007 年。

图 2.7　世界范围科研开支比例图

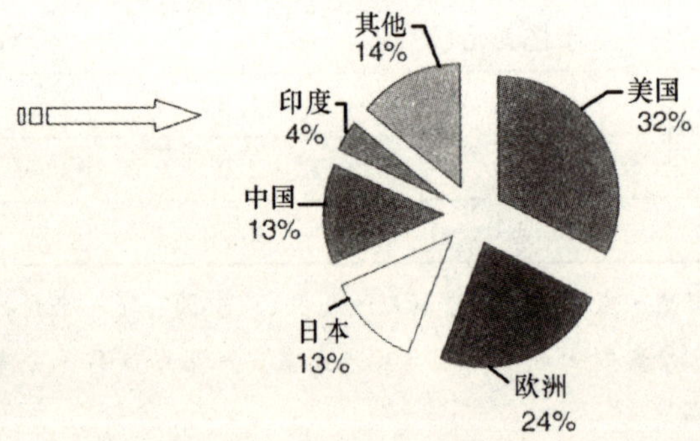

资料来源：巴特尔纪念研究所，《科研杂志：2007 年全球可研报告》；《欧洲科技报告：科研模式的改变》，特约作者德鲁·威尔逊，摘自《电子商务》，2007 年 3 月 20 日，www. edn. com。

图 2.8　科学工程类博士学位获得者数量

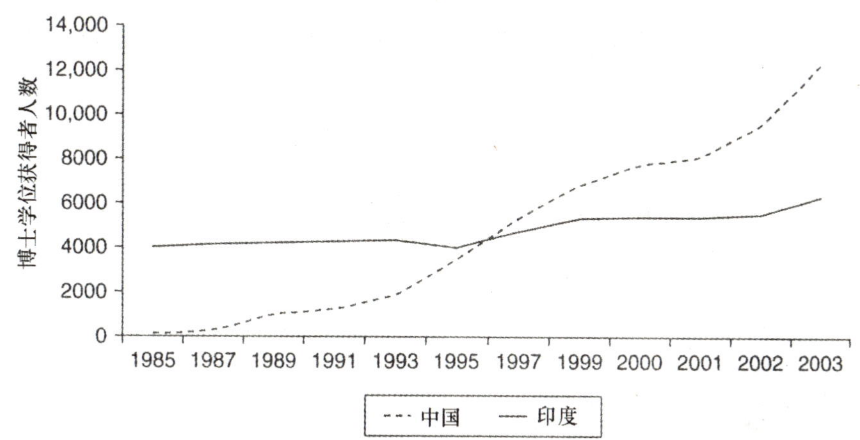

资料来源：《2008 年科学工程指标》，国家科学委员会，国家科学基金会，美国弗吉尼亚州阿灵顿；网址：http：//www.nsf.gov/statistics/seind08。

根据世界银行知识水平评估方法（KAM），中国在主要参数方面均超过印度，比如从事科技研发的人数（每百万人口中印度为 119 人，中国则为 708 人）、科技论文的数量、专利数量以及高科技出口占工业出口比例（中国 30%，印度 5%）等。通过图 2.8 和图 2.9 可以看出，自 1985 年以来两国在博士学位获得者数量上的差距。

根据英国智囊机构 Demos 的统计，印度每年获得科学和工程类博士学位的人数约为 6000 人，而中国则为 15000 人。然而，更为重要的是，中国在研究系统等方面已走上国际化的道路，与欧洲、日本、美国等建立了广泛的合作。根据中国商务部公布的数据：截止 2007 年底，跨国公司已在中国建立了 1160 个科技研发中心。相比之下，印度的研究系统由于结构问题还处在相对孤立的不利境地①。近期，亚洲发展银行表示，印度教育的发展严重滞后于经济发展水平，目前印度只有 12000 所左右的职业技术

① 《观点图集：描绘新科学分布图》，DEMOS 出版社，2007 年版。

培训机构，而中国则有近 50 万所。即使与“金砖四国”中的其他三国相比，印度在发展教育方面仍有很多工作要完成[①]。根据联合国教科文组织（UNESCO）公布的数据显示，印度平均每名学生的公共教育支出费用为 400 美元，在发展中国家中排名很低（图 2.10）。

图 2.9 科学类博士学位获得者数量

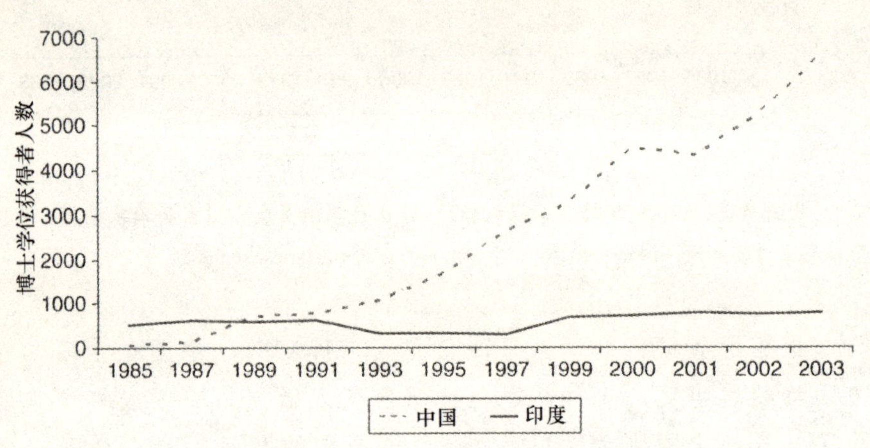

资料来源：《2008 年科学工程指标》，国家科学委员会，国家科学基金会，美国弗吉尼亚州阿灵顿；网址：http：//www. nsf. gov/statistics/seind08。

事实上，作为科技创新型社会的支柱，整个教育系统在印度正处于衰退的困境中。近期，两位知名学者对此进行了总结：

“（印度）教育沙漠中的少数几片绿洲引起了外界过分的关注，而与之相对的是一片整体破败的景象：损毁的教学楼、机制

---

① 多米尼克·威尔逊、卢帕·普鲁索珊曼：《与“金砖四国”共同的梦想——通往 2050 年》，全球经济论文第 99 号、第 14 页，高盛投资公司，纽约，2003 尼安 10 月 1 日刊。

图 2.10　印度在高等教育方面的公共开支状况

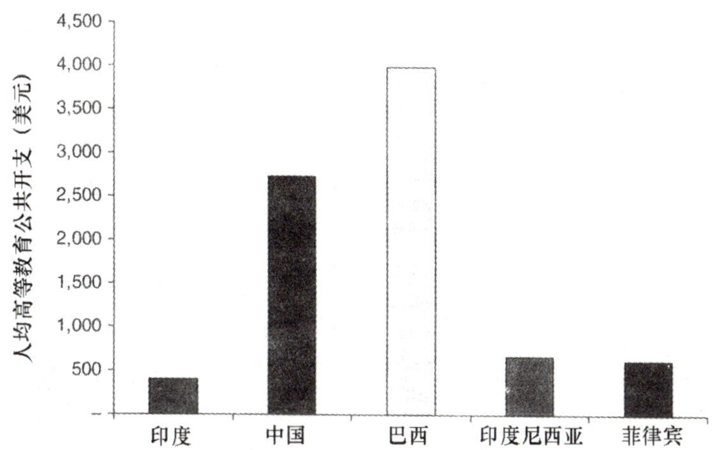

资料来源：康纳克·沙尔玛：《高等教育领域的外资直接投资额：希望与现实》（《主流》第 xlv 卷，第 25 号，2007 年 6 月 9 日发表）。

失调的大学以及低落的学习风气。”更为关键的是，歧视性政策的制定使目前存在于高等教育中的这种不平衡现象更加严重。所谓的“绿洲”现象在印度理工学院以及印度管理学院中被充分体现出来：每年，这两所学院只提供大约 1000 个名额①。根据印度中高等教育部门提供的图表显示，印度理工学院的花费预算约为 64.8 亿卢比，印度管理学院的预算则为 6.4 亿卢比，而大学资助教育委员会总的预算额度为 192.7 亿卢比。令人感到吃惊的是，后者在招生数量上数百倍于印度理工学院，但以人均比例来看，后者所能得到的资金支持却不足前者的三分之一②。更有甚者，印度理工学院和管理学院在创新能力上的缺失使这种“绿洲”体

① 印度 7 所理工学院学生的总数共计为 30000 人，而这只相当于美国一所大学的学生数量。

② 戴维什·卡普尔、珊尼尔·吉尔纳尼：《首要关切》，载于《印度斯坦时报》，2006 年 4 月 23 日刊。

制难以为继下去。一个无法回避的事实是，印度目前只有8%到11%的青年人能接受高等教育，而这一比例远远低于菲律宾(31%)、泰国（19%)、马来西亚（27%）和中国（13%)。

但是，这只是故事的一半，虽然普及率极低，但印度仍拥有世界第三大高等教育系统（位列中国和美国之后)，2005—2006年度，印度17973所各类高等院校（包括348所大学和17625所学院）共招生1050万名学生。2005年，各类高等院校共授予了70万个科学及工程类学位。然而，根据印度一些私人机构的近期统计结果，只有10%—25%的毕业生被现代工业企业，特别是跨国企业所聘用[①]。在私人机构中，非常重视对新录用人员的上岗培训，以提高其素质。通过培训系统，资质平庸的人很难避免被淘汰。但目前全国47.2万的专业机构中，只有1/3拥有博士点[②]。

庞大的供需数量和人才素质不足之间的矛盾使私人教育机构呼之欲出，私人教育机构最早出现在职业教育领域，包括工程、医学以及商业类。事实上，在过去10年中，90%的新培训机构得到了私人的支持，而在这90%的人数中，得到政府财政补充支持的只占到30%左右。其他的则主要为独立私人机构。

然而，大部分私人培训机构因无法获得“执照”而被扼杀，只有少数机构被授予了合法地位，这些机构在学术方面都取得了令人瞩目的成绩。因此，虽然有私人机构的加入，但“事实上任何学术上的创新或取得的突出成绩都很难与私人机构有很大关系，因为根据规定，所有私人机构都必须在课程设置、管理规范等方面与公立机构保持一致。”[③] 更重要的是：在印度，80%的学

① 根据麦肯锡调查（2005年)，在印度，只有15%的工程专业、15%的金融和会计专业以及10%拥有职业学历的人适合在跨国公司工作。

② 菲利普·G. 艾尔特巴赫：《顶端的渺小》，载于《威尔逊季刊》，2006年秋季刊。

③ 戴维什·卡普尔、普拉塔普·巴奴·麦塔：《印度高等教育改革——从半社会主义到半资本主义》，CID工作论文第108号，2004年9月刊。

生都不会选择高等技术学院，而这一领域有时是私人机构最集中的地方。因此，这表明印度的私人机构会错过绝大多数学生。

印度高等教育资源不足的另一大负面影响就是教育资金大量外流。据统计，印度每年高等教育“引进”消费超过40亿美元。麦塔和卡普尔（2004年）对此进行了总结：“在整个20世纪70—80年代中，政客们从大学事务中攫取了大量利益。他们不但将大学看作政治上招兵买马的依靠，还不断寻找其他好处。各州政府对教育的直接干预表明，在绝大多数州中，大学已成为政府的附属品。”

因此，印度高等教育领域处于各种规章制度的严格控制之下，特别是私人机构受到的管制更为严厉，而外资对这一领域的直接投资更是不被允许（就连中国也允许外资在教育领域进行直接投资），公立学校由于政府财政上的紧缩而无法获得资源，公共教育由于理念上的束缚无法得到更多的资金支持。[①]

2005年，世界银行研究表明：“印度需要改革其教育体系，以适应经济发展的需要，并吸引更多的高素质人才留在国内，这样印度的人才供应才能实现良性循环。这需要印度全面提升高等教育机构的水平，而不是仅仅关注几所世界级大学的发展，比如印度理工学院[②]。这意味着，经济管理者们需要制定一个全面提高科研能力的总体计划，特别是提高对高等教育体系的重视水平。”

这就需要多条腿走路：第一，提高创新能力，这一方面曾受到很大的财政约束。在下一步发展过程中私人机构应获得更多的经济支持。目前，“教育系统仍出自两难的境地，一方面是受到国家的过度管理，另一方面是无序的私有化使私有资金无法发挥

① 戴维什·卡普尔、普拉塔普·巴奴·麦塔：《印度高等教育改革——从半社会主义到半资本主义》，CID工作论文第108号，2004年9月刊。

② 卡尔·达曼、阿努甲·乌兹：《印度和知识经济——负债力量和机遇》，世界银行，2005年7月版。

最大效率。[①]”第二，根据社会和商业发展需要为科技创新打造基础平台，而不是仅仅关注科研或局限于某个领域。第三，对现有结构进行体制改革。根据印度宪法规定，发展教育的责任最早由31个邦来承担，中央政府行使管理权力。现在，随着私人机构成为高等教育的主要参与者，这种结构难以为继。总而言之，各邦需要重新进行角色定位，重点发挥推动者的作用，即有效将民用和军用科技研究有效整合，使之相互协作，承认私人教育发展的现实[②]，同时致力于进一步提高少数高质量、由中央财政支持的高等教育机构的水平（比如印度理工学院、印度管理学院），使其长期保持领先地位。”

很明显，只有对目前的机构管理方式进行彻底革新，才能保证上述方案顺利实施。

能源安全

近期，原油价格已突破了120美元每桶。国际能源机构报告曾预测：到2012年，全球的石油需求量将超过生产能力。但最新研究显示，实际需求量的增长要远远高于预期。因此，在未来10年中，市场环境将对石油进口国十分不利[③]。排除地缘政治风险、新油田开发的不足以及提炼能力的局限等因素，不断出现的新兴市场需求将对石油价格上涨起到推波助澜的作用。国际能源

① 卡尔·达曼、阿努甲·乌兹：《印度和知识经济——负债力量和机遇》，世界银行，2005年7月版。

② 根据商务部2006年咨询报告的表述：“可利用吸引外资直接投资的机会，邀请外国大学在印度建立分校。以使印度学生节省数以千万美元的高额海外留学费用。”为了更好的“取得平衡”，既“遵守国内的相关规定，又能在诸如制定教学大纲、任命教师、招收学生和设定收费标准等方面为此类大学的开办提供更灵活的政策”，可以吸引私人机构的参与和投资。

③《国际能源协会警告高油价下的供给匮乏》，载于《国际先驱论坛》，2007尼安7月9日刊。

机构的数据显示：2008 年，中国、俄罗斯、印度和中东的石油消费量将首次超过美国，达到 2067 万桶/天[①]。

中、印两国都主要是通过国家石油公司对石油进行控制。在对国际石油来源地的保护方面中国的反应更加迅速。中国石油企业在国际石油市场份额竞争中多次压过了印度。可以肯定的是，在未来几年里，印、中在国际油气资源的争夺会更趋白热化。截止目前，中国的表现似乎更为出色。但除了在全球掀起并购热潮以外，中国还做了更多事情。2006 年，中国的国家石油公司在海外的石油开采量大约为 68.5 万桶/天，占全球开采量的不足 1%，并通过国际原油市场卖掉了其中至少 2/3。因此，与普遍存在的观点不同，中国并没有仅仅为了自身使用而牢牢握着石油资源。相反，中国的国家石油公司正在不断扩大对国际石油资源的开采，特别是对一些西方公司没能力也没兴趣投资的石油产地的关注，以便满足更多客户的需求，而不是一味停滞不前[②]。

这种想法更适用于石油领域，而不是天然气领域，因为与石油相比，天然气的不可替代性比较低，而且天然气工业的系统性更差，也更易受地缘政治变化影响。

一个共识是：天然气买卖双方对管道的依赖程度都非常高。另外一个运输途径是将天然气液化后通过船只运输。然而，为了使液化天然气贸易更具经济价值，就需要大规模建设相关辅助设施，总投资金额大约 50—70 亿美元左右，包括开采、提炼、液化、航运以及重新气化的整个过程。为了筹集如此大量的资本来培育天然气市场，液化天然气工业的发展主要依靠供求双方签署长期合同（20 年），以降低市场风险。这就是天然气工业与石油工业间最大的区别。

对于石油工业而言，生产者在开发资源之前并不需要同买方

① 马克·申克：《油价上涨，新兴市场石油消耗量将超美国》，2008 尼安 4 月 21 日发表，网址：www.bloomberg.com。

② 艾丽卡·档斯：《中国寻求海外石油》，载于《远东经济回顾》，2007 年 9 月刊。

签署任何协议，可以直接通过市场进行销售，而石油市场则具有全球化程度高、交易量大、容积量大等特点。然而对液化天然气贸易来说，在没有长期合同作保障的前提下，买卖双方都不敢进行大批量的交易。因此，液化天然气贸易相比之下不够灵活（买卖双方的相互依存度大）。

天然气对两国的重要作用

在所有矿物燃料中，天然气是最为高效、环保的一种能源。更重要的是，作为一种工业原料，天然气有非常广泛的用途，包括电力、石油化工以及化肥等。但目前，天然气在中国和印度整体能源结构中还处于次要位置。2004 年天然气分别只占两国基础能源消耗总量的 3%和 8%。此后，两国都积极投入相关基础设施建设。根据同澳大利亚在 2002 年签署的一项长期合同，中国在 2006 年中期拥有了第一个液化天然气运输装置。近期，中国石化再次与澳方签署了一项价值 450 亿美元的液化天然气进口协议，进一步推动了中国对天然气的使用①。此外，俄罗斯也逐渐成为对中国的主要能源输出国②。印度方面也在重新积极考虑如何从伊朗运输天然气的问题。2005 年 6 月，印度和伊朗签署了一份长达 25 年，总价值超过 220 亿美元的天然气买卖协议，每年从伊朗购买 500 万吨的天然气资源（该项协议将从 2009 年起生效）。考虑到印度西部边境地带长期处于地缘政治波动的状态，从伊朗和卡塔尔输入天然气为印度提供了一个“不错的选择”。

① 《中石油购买高达 600 亿澳元的澳大利亚液化天然气》，2007 年 9 月 6 日发表，网址：www.bloomberg.com；奥斯特·翟：《国内需求刺激获取天然气》，载于《华尔街杂志》，2007 年 9 月 10 日刊。

② 2006 年，莫斯科方面与北京签署了协议，分别从东、西西伯利亚修建两条能源管道，其中西线于 2011 年开始向中国输气，东线于 2016 年投入使用。

此外，缅甸也逐渐成为一个重要的天然气输出国[①]。很明显，除了需要考虑如何从境外将资源输入国内，还要考虑通过怎样的网络将这些进口的能源输送到国内各个需求点。在印度新建的17000公里能源输送管线中，其中大约10000公里是专门用来输送天然气的。

对2010年电力系统增加份额的预期

根据印度石油部的预测：到2025年，天然气在基础能源消耗量中的比例将从目前的8%上升到20%。其中需求量最大的地方应该是电力部门（需求量将增加71%）。目前天然气供应不足已迫使一些依靠天然气发电的发电厂和化肥厂出现了倒闭（图2.11）。

根据推算，除非有新的资源被发现，否则天然气在供应上的缺口将越来越严重（图2.12）。

图2.11 天然气越来越成为印度能源构成中的重中之重

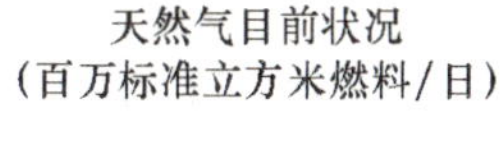

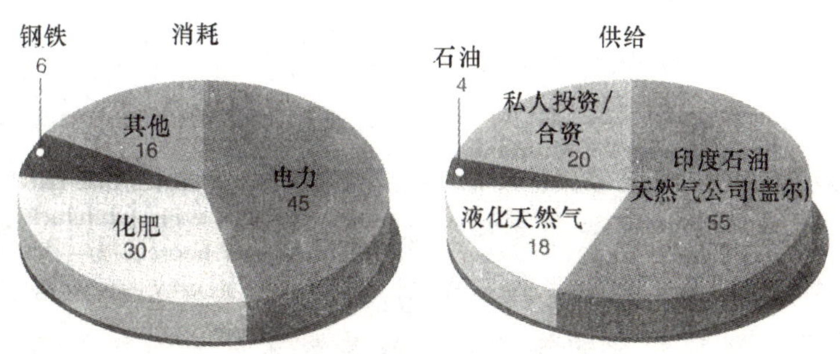

资料来源：《印度商业》，2006年3月26日刊。

① 《印度着手减少缅甸天然气输出量》，印度报业托拉斯，2007年9月18日刊。

图 2.12 天然气：供求关系图表

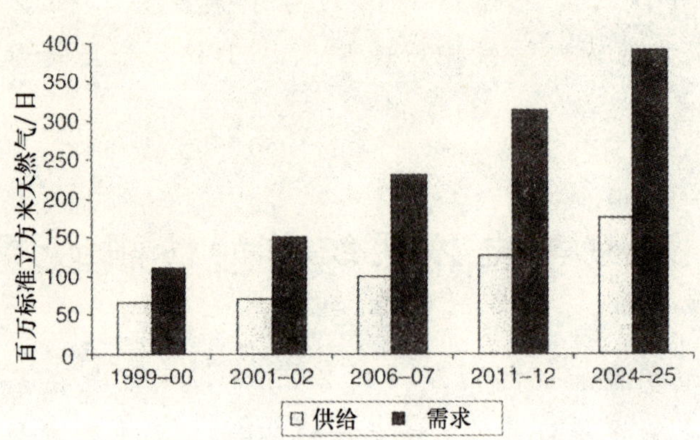

资料来源：《印度碳氢类能源展望》，2005 年版。

另一个关于能源方面的重要话题是：全世界都在为中国拥有丰富的碳氢类资源而感到兴奋。直到目前，中国的能源供应还基本能实现自给自足。而这一问题尚未引起太多的关注。中国的能源战略是将扩大国内供应放在首位，中国 90％的电力能源需求可以通过自身解决。这在很大程度上依赖于中国拥有丰富的煤炭资源（印度的情况与之类似）。在中国，70％的能源依靠煤炭提供（印度则为 55％）。目前，中、印两国已成为电力生产最便宜、最具竞争力的地区。事实上，直到中国经济改革进入 1993 年前，中国都还是一个碳氢类资源纯出口国。

目前，北京方面更关注的是对能源的保护（计划在未来 5 年内将人均能源消耗量削减 20％），并致力于通过现代科技解决能源紧缺问题，消除因能源使用而带来的环境破坏等不利影响。

长期以来，印度的能源政策制定者和相关企业不断致力于研究如何通过制定复杂的能源安全战略来保证石油和天然气的供给，中国的经验应该能为他们提供一些石油、天然气以外的思考。此外，对中、印两国合作或其他多边合作来说，还存在这样一个强烈的争议，就是目前发展迅速的清洁煤炭技术能否满足这些资源匮乏国家的需要①。

印度的不安全感主要来源于以下三个方面：

1. 在各种能源中，碳氢能源的用途最为广泛，可以满足不同的需要，包括交通燃料（陆地、海洋、天空各种交通工具）、农村燃料、发电（工业及家庭用电）。因此，从能源安全的角度看，确保此类能源的安全非常重要。

2. 对进口依赖程度的不断提高（印度对进口能源的依赖程度达到75%—78%，而中国只有46%），这表明印度的能源保障更加脆弱。此外，印度的能源进口渠道缺乏多样性（60%的进口来自中东地区），使得印度对能源进口地区未来政治因素的依赖性更强。最后，持续不断的能源价格上涨使印度承担的财政压力不断增加。印度为石油贸易买单已从2005年的260亿美元上升到2006年的400亿美元②。更严重的是，根据目前全球能源供需结构态势来看，在未来中长期过程中，能源价格很难下降。

3. 印度是世界上第四大煤炭产地，仅次于中国、美国和澳大利亚，拥有很多世界级的大型煤矿。据推测，印度煤炭储量在920亿吨以上，按目前的使用水平计算，可满足未来229年的需求。在印度，73%的电力供应依靠煤炭。然而，煤炭在环境污染、低效等方面的问题以及印度相对脆弱的政策保障将使印度进一步陷入两难境地。根据毕马威（KPMG）会计公司公布的报告显示，如果不能吸引新的投资，目前印度煤炭可开采量将在未来40年内枯竭③。（图2.13）

---

① 贾斯巴·辛格·辛德拉：《能源——对抗还是合作》，载于《SAISPHERE》，约翰·霍普金斯大学，2006年刊。网址：http://www.saisjhu.edu/pubaffairs/publications/saisphere/winter06/。

② 《四月份石油进口猛增到400亿美元》，网址：www.sify.com，2006年4月10日发表。

③ 《毕马威会计公司：印度在能源领域投机100亿美元》，DECCAN CHRONICLE报业，2006年4月4日刊。

图 2.13 印度能源构成图

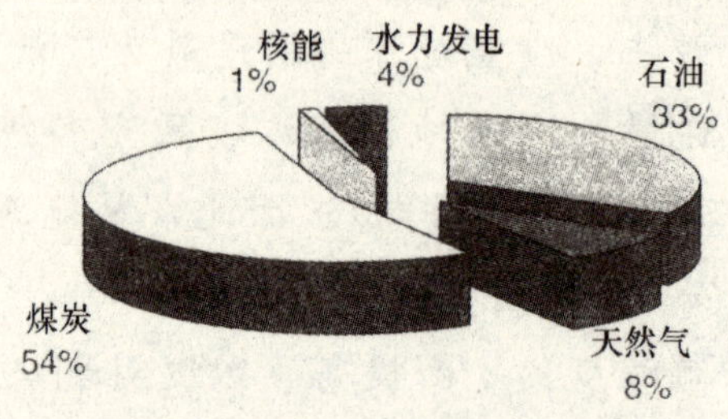

资料来源：笔者评估。

国防开支

根据美国国防部情报局（DIA）的推测，2006 年中国军费开支预计将达到 700—1050 亿美元，而中国政府官方公布的国防预算只有 356 亿美元。一直以来，中国真实的国防预算和军事能力就是一个讳莫如深的话题。然而，即使按照中国官方公布的数据计算，中国也已成为世界第二大军费开销国。2006 年 12 月，北京方面公布的白皮书中称：从 1990 年至 2005 年，中国国防开销以平均每年 15.36%的幅度上涨（实际年增长率为 10%）。

另一方面，根据印度财政预算部门公布的数据显示：2006 年印度军费开支约为 220 亿美元。然而，印度在军费开支方面并不像中国那样保持神秘，这主要是由于印度自身的民主体制，政府对人民承担相应的公共责任。按照印度官方公布的 2006 年预算水平计算，印度军费开支排在全球第 9 位。从 1991 年至 2007 年，印度军费开支占 GDP 总量的比例保持在 2%至 2.5%。在过去 5 年中，国防开支占中央政府全部开支的比例以每年 15%的速度增长。2007—2008 年度，印度国防预算约为 9600 亿卢比，其中陆军军费约占 47%。

以目前水平为基础对中、印两国国防开支进行预估，未来中国的国防开支将远高于印度。评估认为：2020 年中国的国防预算将达到 966 亿美元，而印度为 374 亿美元。到 2050 年，中国的国防预算将达到 7750 亿美元，印度则为 2150 亿美元，不足中国的三分之一（表 2.23，表 2.24）。

表 2.23　2004 年国防开支一览表

项目	印度	中国
占 GDP 比例（%）	2.3	1.9
实际开支（十亿美元）*	11.9	26.6
军事人员数量（百万）	2.61	3.75

资料来源：《世界发展指标》，2006 年。

* 数据截止 2000 年。

表 2.24　国防开支预算一览表（十亿美元）

国家	2000	2020	2050
印度	11.95	37.40	215.17
中国	26.65	96.60	774.47

资料来源：《世界发展指标》，2005 年。

以 2.4% 为基准，如果 2006 年中国 GDP 总量增幅达到 10%，那么相应的国防预算应该为 600 亿美元左右，三倍于同时期的印度国防预算。如果将基准数据提高到 GDP 总量的 3%，中国 2006 年的国防预算将达到 740 亿美元。如果假设中国的 GDP 保持最低 10% 的年增幅，且国防预算保持 2.4% 的比例，那么从 2006 年起，5 年后中国的国防预算将达到 970 亿美元，10 年后将达到 1550 亿美元。如果按 3% 的比例计算，并保持国防开支 10% 的年增幅，那么这两项数据将分别达到 1200 亿美元（5 年后）和1900亿美元（10年后）[①]。

弥补差距：通过体制改革提高资金效率

印度国家安全委员会及其下属组织，包括战略政策研究组织（SPG）以及国家安全顾问团（NSAB）对目前印度国内外的安全环境做了阶段性总结报告。虽然有关部门宣称这是一份全面性、战略性很强的报告，但却在整体安排上缺乏系统性和制度性[②]。

印度可以从中国发布白皮书中学习经验。作为国防白皮书，要从全局角度出发，通过政治、军事、战略眼光分析判断目前存在或正在出现的威胁，并制定相应的目标。通过这种方式制定出的目标应远胜于在官僚政治体制下制定的目标。比如：目前印方主要关注如何缩小军事能力上的差距，而下一步则应该将关注重点调整到长远战略目标上的设定上，即未来一旦发生战争或需要动用武装力量，军队应该发挥怎样的具体战略作用。此外，一旦设立了战略目标，接下来就需要相应的财政支持。最后，阶段性白皮书的发布过程中应根据风险评估情况对相关内容进行及时调整[③]。

在2004—2008年度3年期间，印度的经济总量增长超过了45%，但同期国防预算增长只有26%（图2.14）。因此，印度议会常委会在2007年4月公布的第16次报告中指出："对此，委员会强烈建议，国防部应该同财政部进行协商，保证每年军费开

---

① 莱克斯曼·贝赫拉·库马尔：《中国防务白皮书——印度能够从中吸取教训吗?》，载于《IDSA战略评论》，网址：www.idsa.in，2007年8月3日刊。

② 唯一例外是印度国防部长《拉克贾·曼特里的操作指令》，旨在为印度军方的特定目标服务。

③ 莱克斯曼·贝赫拉·库马尔：《中国防务白皮书——印度能够从中吸取教训吗?》，载于《IDSA战略评论》，网址：www.idsa.in，2007年8月3日刊。

支不低于 GDP 总量的 3%，以确保国防现代化、科研项目的顺利进行以及军队能够正常履行职责。"①

图 2.14 印度国防预算占 GDP 比例

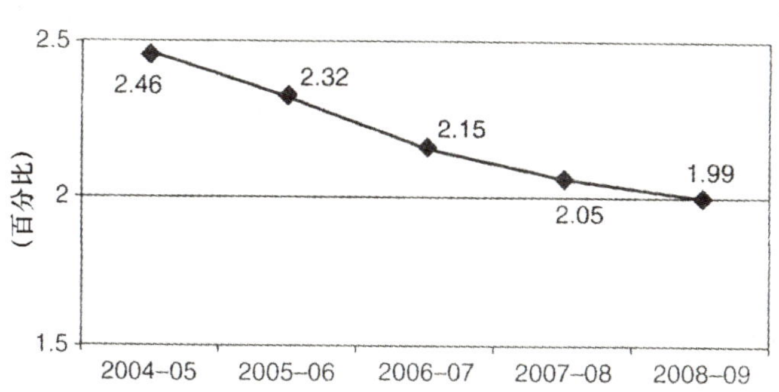

资料来源：计算机服务机构及印度储蓄银行公布的 GDP 数据；数据存储设备公布的国防数字。

有人指出，后勤服务方面所耗费的资金过大是导致国防支出与高 GDP 增长不匹配的重要因素。比如：国防后勤开支评估显示：在过去 10 年中，印度军方用于后勤服务方面的支出达到了近 4000 亿卢比②。

因此，也许印度军方的目标应该是如何选择一种局部优化的国际采购方式。首先，在采购中要形成武器、平台、系统的质量保障体系，这是关系国防能力和开支的最重要因素之一。质量保障体系的好坏将很大程度影响其他相关方面，比如议价、试验、评估等等。如果质量保障体系效率低下，将影响卖方市场，也将影响试验和评估等工作的顺利进行，造成耗时、缺乏客观性以及竞争力差等诸多问题。以目前的科技水平，质量保障体系尚有适用面窄、不准确以及不相容等劣势。更为严重的是，无法保障产

① 网址：http：//164.100.24.208/ls/committeeR/Defence/16threport.pdf。

② 莱克斯曼·库马尔·贝赫拉：《2007 年至 2008 年印度国防预算》，载于《印度国际研究分析所战略评论》，网址：www.idsa.in，2007 年 3 月 9 日刊。

业本土化并造成对供应商的过度依赖。这将导致本就有限的资源和时间被浪费（图 2.15）。第二，国防采购是一个复杂的系统工程，各部门之间的相对脱节和不专业的操作方式使成本大幅上涨（比如《印度国际研究分析所》IDSA 负责计划，《国防研究与开发组织》DRDO 负责科研，军方负责设置质量保障体系，《国防部质量管理部门》DGQA 负责质量检验和测试），这反映了印度与世界其他主要武器生产国遵循的国际标准不符的状况。总而言之，印度如果想赶上世界水平就需要构建一个一体化的架构，将所有的主要利益相关者，包括武器工业、科研组织、质量检测组织以及政府负责人联系在一起，避免“机构臃肿，审批程序繁多”的情况，在不同官僚体系链中，创造一个单一的责任主体[①]。

图 2.15 开销中未被充分利用的资金比例

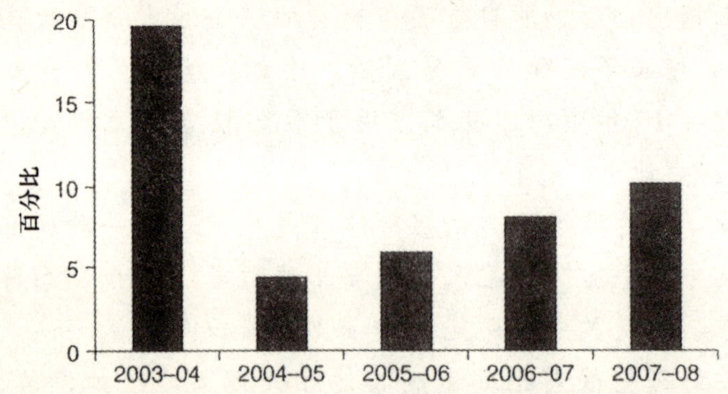

资料来源：数据存储设备及政府预算，多年数据。

2007—2008 年度，印度国防预算开支达到 9600 亿卢比。然而，印度在核武器方面的花费以及需要向俄罗斯支付的国防欠款

① 莱克斯曼·库马尔·贝赫拉：《印度国防成就——转变的时刻》，载于《IDSA 战略评论》，网址：www.idsa.in，2007 年 8 月 3 日刊。

并没有包含在预算中，这部分数额达到了 2500 亿卢比。如果算上这一部分，印度政府在国防方面的开支总数预计为 1.22 万亿卢比，大约占 GDP 总量的 2.8%。图 2.16 显示了 2007—2008 年度印度国防预算在各部门的分配情况。

图 2.16　2007—2008 年国防预算中各部门的分配比例

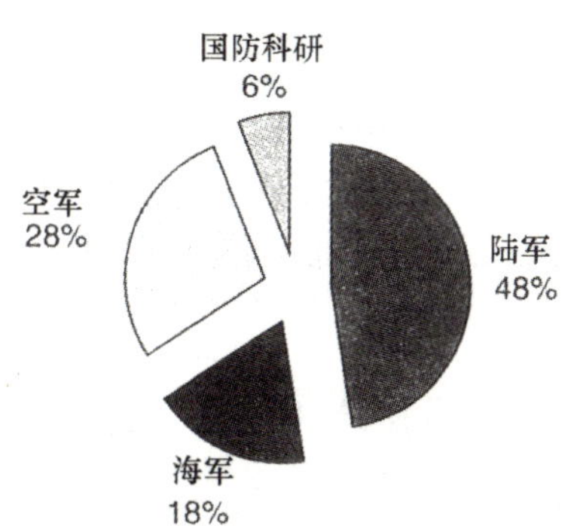

资料来源：莱克斯曼·库马尔·贝赫拉：《印度国防成就——转变的时刻》，载于《IDSA 战略评论》，网址：www.idsa.in，2007 年 8 月 3 日刊。

表 2.25 反映了最新的国防预算中收益性支出和资本性支出的分配情况，有助于理解印度国防开支中分别用于现代化进程和武器更替的比例①。国防科研只占到整个预算的 6%。此外，根据国防部主要负责国防科研的国防研究与发展组织统计：2003—2007 年间，大约有 1107 名科学家从该组织辞职，平均每两天有一位离开，其中绝大部分是年轻人。

① 网址：http://www.indiabudget.nic.in/ub2007-08/eb/vol2.htm。

表 2.25　2007—2008 年收益性支出与整体性支出比例一览表

	收益性支出（%）	资本性支出（%）
陆军	74	26
海军	40	60
空军	38	62
总计	56	44

莱克斯曼·库马尔·贝赫拉：《印度国防成就——转变的时刻》，载于《印度国防研究分析战略评论》，网址：www. idsa. in，2007 年 8 月 3 日刊。

总体来说，印度在关键军事技术和武器平台方面的自主研发能力与预想成为地区大国的目标相差很远。根据规划，在第十个总体规划结束时，印度武器自主率应达到 70%，而从目前来看实际上只能达到 30%，这反映了在常规武器方面印度对进口还存在很大的依赖性。一言以蔽之，由于自身经济发展水平以及军事技术研发能力等方面与其他主要国家如美国、俄罗斯之间的差距，印度应更多依靠战略武器的发展来实现威慑目的，而不应陷于代价昂贵的常规军备竞赛中。

全球军费开支发展趋势

全球军费开支及武器贸易是世界范围内最大规模的消费形式，据统计：每年全球相关开支超过 1 万亿美元。近年来，这一数字还在持续增长（图 2.17）。根据斯德哥尔摩国际和平研究所（SIPRI）研究显示，全球军费开支出现集中化的趋势，主要表现为：世界上 15 个军费开支最高的国家军费总和占全球总量的 84%；其中仅美国就占全球总量的 48%，接下来分别是英国、法国、日本和中国，各自所占比例大约为4%—5%，与美国的差距很大。

图 2.17　世界军费开支

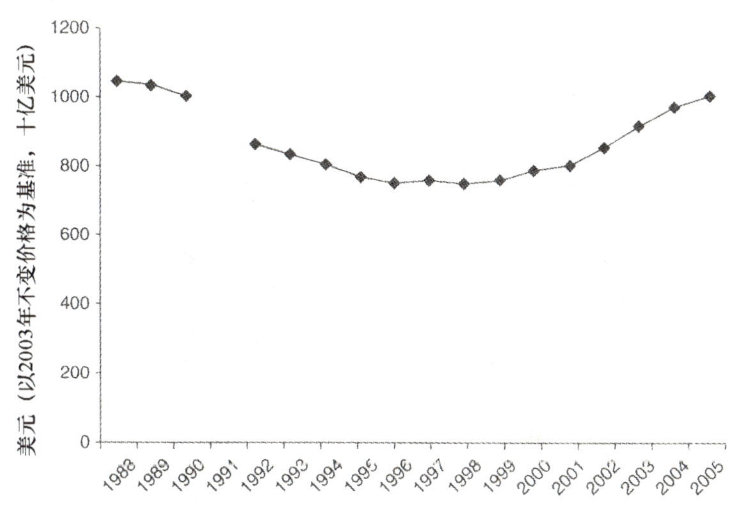

资料来源：《斯德哥尔摩国际和平研究所年报》，2006年版。

人口发展状况：是否为印度打开一扇希望之窗

根据年龄成分进行划分，目前中国的人口结构正处于最佳状态，其中劳动力人口（15—60岁）数量达到峰值，而印度的人口结构则正好相反，非劳动人口的比例处于高点（图2.19）。目前，中国的劳动力人口比例达到64%，印度则为59%。20年后，中国这一比例将继续维持在64%左右，而印度将上升至64%，赶上中国。到2050年，这一数据又将发生变化，届时印度的劳动力人口比例将达到61%，超过中国的55%。这一改变不仅仅体现在百分比上，而是能切实感受到的。届时，印度人口将达到16

亿，成为世界人口数量最庞大的国家。这方面的具体情况将在第七章中具体阐述。

图 2.18　1996—2005 年军费开支增长状况

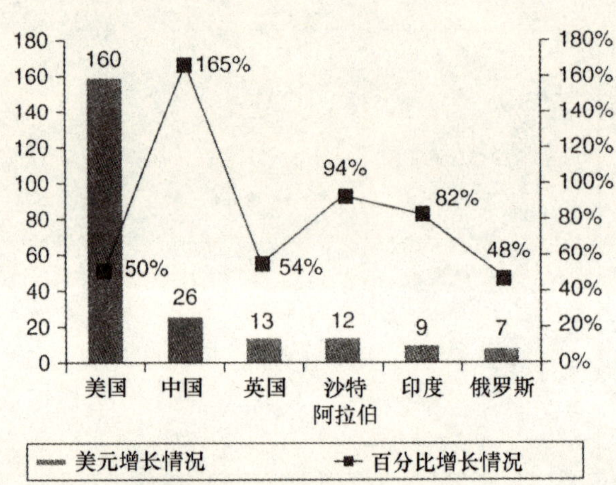

资料来源：《斯德哥尔摩国际和平研究所年报》，2006 年版。

目前来看，中国的劳动力人口达到 8.12 亿之巨，而印度则为 5.99 亿。到 2050 年，印度的劳动力人口将超过中国达到 9.62 亿，中国则为 8.24 亿（表 2.27，图 2.19）。但印度能否把这一趋势转化为经济上的优势还要拭目以待。这将为印度提供更多的劳动资源，推动投资，创造更大的消费和服务市场。

表 2.26　印中青少年文盲率一览表

国家	年龄 15—24 岁（男性%）		年龄 15—24 岁（女性%）	
	1990	2002	1990	2002
印度	27	16	46	32
中国	3	1	7	1

资料来源：《世界发展指标》，2006 年刊。

表 2.27　劳动力人口统计一览表（男性）

	2000	2020	2050
中国	812	921	824
印度	599	824	962

资料来源：联合国；世界银行。

图 2.19　劳动力人口统计

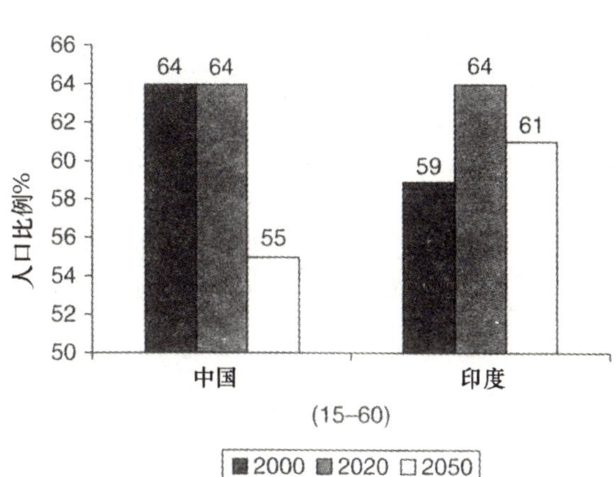

资料来源：联合国；世界银行。

这种人口结构上的优势为印度发展提供了有利的机会和可以依赖的动力[①]。根据 2003 年所做的针对印度主要地区人口趋势研究显示[②]：印度四大邦（比哈尔邦、中央邦、拉贾斯坦邦以及北

---

① 如果要更好地发挥人口红利的优势，需要对相关人口进行教育、培训，并向他们提供就业机会。此外，医疗保障和食品安全是人力资本投资的核心。有关对人口红利假说的评论性文章，请参看珊卡·阿查利亚的《印度能够不依赖实现发展吗?》，新德里，学术基金会，2007 年版。

② 利拉、普拉文·维萨里：《1991—2101 主要国家长期人口计划》，载于《经济与政治周刊》，2003 年 11 月版。

方邦）人口占印度总人口的比例将从2001年的41%上升到2051年的48%。也就是说，印度未来人口增长总量的60%将集中在上述地区。但印度阿恰雅学院对此所做的研究结果却并不乐观，研究显示：北方四邦“不但人口稠密、贫穷、经济增长速度缓慢，而且还存在着基础设施建设薄弱、教育系统落后以及管理能力不足等不利条件”。因此，“将这种表面上的人口红利转化为现实生产力的前景仍很渺茫”[①]。

正像前文所提到的，近年来中、印两国总体教育开支所占份额大体相同。然而，印度之所以落后的原因在于结构上的缺陷，使印度缺少将教育投入顺利转化为人力资本的能力。印度青少年的高文盲率进一步说明了这一问题。2002年，印度男性青年文盲率比中国高20倍。同样的，印度女性青年文盲率在2002年达到32%，而中国仅为1%。（表2.26）

此外，还有其他对社会经济产生影响的领域值得关注。近期研究显示，工人的躁动情绪很可能是造成经济波动的重要原因。以主要工业国家的历史数据为依据，研究表明：一个国家经济的波动性与其年轻劳动力（15—29岁）的比例有必然联系[②]。也就是说，印度人口结构的调整有可能造成经济周期出现波动，这一点确实应引起印度政策制定者们的注意。

不管怎样，如果印度能抓住机遇，加大对人力资本的投资力度，其经济发展程度就有可能实现一个新突破。另一方面，如果错过了机会，印度将进入一个不利的人口结构期，不得不承受老龄化带来的压力，这将迫使高速发展的印度经济踩急刹车。到目前为止，中国已成功地抓住了属于自己的机会，而接下来印度呢？

---

① 阿查利亚（2007），第30页。

② 尼尔·杰姆维奇、亨利·休：《年轻、老年和不安人群——人口和商业周期规律》，载于《国家经济研究局工作文献》第14063号，国家经济研究局，2008年发表。

第三章　对华投资情况概述

中国吸引外资政策的发展

三十多年前，邓小平关于“致富光荣”、“不管黑猫白猫，能抓老鼠就是好猫”的讲话向世界释放了继承并发展马克思列宁主义和毛泽东思想的信号。1978年12月召开的中国共产党十一届三中全会使中国的面貌焕然一新。席卷全国的改革浪潮给中国经济带来了翻天覆地的变化。自1979年改革开放以来，中国吸引了大量的外商直接投资（参见图3.1）。年均外商对华投资金额从1985—1992年间的39亿美元提高到1993—2000年间的378亿美元，到2001—2006年间增长到590亿美元。未来外商对华投资金额将持续增长，预计到2007—2011年间将达到870亿美元（参见图3.2）。[①] 从1979—2003年的24年时间里，中国吸引外商直接投资总金额达到5017亿美元，占全球直接投资总量的6.1%。[②] 到2006年底，中国吸引外资金额已达到7000亿美元，位列世界第五大吸引外资国家。[③]

---

① 《2011年世界投资展望—外商直接投资及政治风险的挑战》，经济信息中心，2007年刊。（网址：www.eiu.com）

② 根据联合国贸易和发展理事会出版的《2004年世界投资报告》，2003年世界外资投资储备达8.24万亿美元。

③ 《世界投资2011年前景—外资直接投资及政治风险》，经济信息中心及哥伦比亚国际投资项目，2007年刊。

图 3.1　1979—2011 年外商直接投资额　单位：百万美元

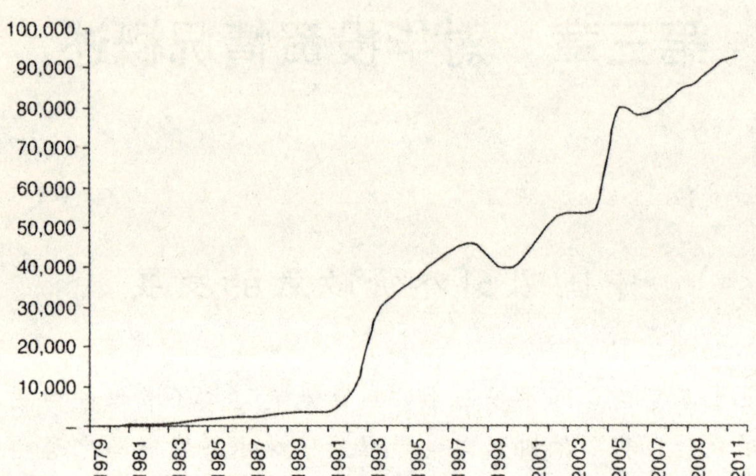

资料来源：《2004 年度全球投资报告》，联合国贸易和发展理事会出版；2004—2011 年数据来源于经济信息中心《2011 年世界投资展望》，网址：www.eiu.com。

中国的外国直接投资情况可根据政策导向分为三个阶段：第一阶段为 1979—1983 年；第二阶段为 1984—1991 年；第三阶段为 1992—1999 年。

第一阶段（1979—1983 年）

1979 年 7 月颁布的《中外合资经营企业法》（中外合资公司），成为该领域的首部法律，并正式开启了中国市场向世界开放的序幕。该法为外国投资者与中国伙伴开办合资公司提供了法律依据，并保障投资者的利益不会受到侵害。[①] 1980 年 8 月，中国在广东省和福建省分别设立了四个经济特区（SEZs），并在特

① 付军：《机构与投资——改革时期中国的外资投资》，安·阿尔伯尔，密西根大学出版社，2000 年版。

区内实施特殊的吸引外资政策。外商直接投资主要集中在这些经济特区，但投资总量却十分有限。这一阶段，5 年内外资总量仅为 18 亿美元，平均每年为 3.6 亿美元。值得关注的是，由于改革开放政策向东南沿海区域倾斜，导致外商直接投资主要集中于中国东部地区。此点稍后将进一步阐述。

图 3.2 2007—2011 年外商直接投资目标（年平均值）单位：10 亿美元

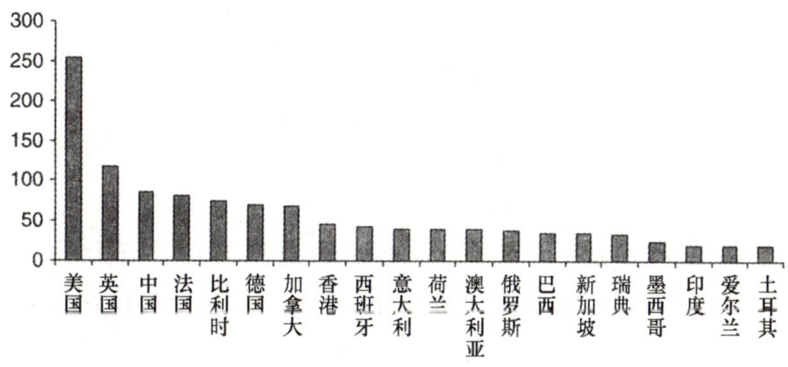

资料来源：《2011 年世界投资展望》。

2006 年，新兴市场引进的外商直接投资占总额的 38%（1.3 万亿美元）。参见图 3.3。

图 3.3 2006 年新兴市场外商直接投资目标地 单位：百万美元

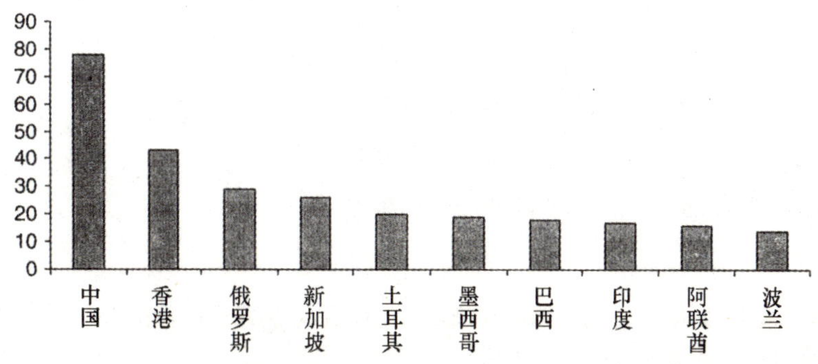

资料来源：《2011 年世界投资展望》，经济信息中心出版。

设立经济特区主要目的如下：[①]

一是通过在特定区域内的实践，力图发展中国沿海地区；

二是吸引并利用外资；

三是促进出口主导型增长、创造地区性就业并增加外汇收入；

四是作为“政策实验室”，考察政策成果并把成功经验推广到全国；

五是加强中国大陆与香港、澳门和台湾的联系，并以此作为向世界开放的窗口。

第二阶段（1984—1991年）

1984年，新增了14个沿海城市和海南岛向外资开放。一年内，这些地区很快就建立了经济和科技开发区（ETDZs），并采取了一系列优惠措施来吸引外资。1985年初又新增了三个地区：长三角、珠三角和漳州—泉州—厦门。自此，外商直接投资向经济特区外逐步扩展。但到1985年后期，高通胀却抑制了此项投资。在这一阶段，外商直接投资主要来源于香港、澳门，并且投资目标主要集中在小型出口加工行业。在1984—1988年间，外商直接投资总量达到103亿美元，年均21亿美元。同时，除了来源于香港、澳门的投资外，整体外商直接投资表现疲软，没有达到改革的阶段性目标。造成这种局面的原因主要包括：[②]

一是外资投资者的法律环境不佳；

二是交通运输基础设施建设落后；

三是具备一定技能的劳动力储备不足。

---

① K.I. 麦坎尼：《对中国的经济特区的评估》，华盛顿，武装力量工业学院，弗特·莱斯利J. 麦克奈尔，1993年刊。

② 张伟：《为何外资集中投向沿海地区?》，载于《哈佛亚洲季刊》，2000年夏季刊。

为应对外商直接投资额下降的情况，中国政府于1986年4月颁布了一系列有关外资企业的法律，并正式赋予外商独资企业相应的合法权益。1986年10月，国务院颁布《关于鼓励外商投资的规定》，向外资企业（FIEs）[①] 提供更多的经营自由权和税率优惠。在权力下放的背景下，地方政府被赋予了更多吸引外资的权力。这些重要的转变现在被称为“发改委22号令”。

但是，“六·四”政治风波阻碍了1989年和1990年外商直接投资，把增长速度拉回到1位数。这标志着外商直接投资第二阶段的结束。

第三阶段（1992—1999年）

这一阶段始于邓小平南巡的1992年夏，中国共产党十四大宣布要建立社会主义市场经济体制。邓小平南巡主要目的是为全面推进中国的改革开放进程，并进一步重申继续坚持市场经济改革和对外开放的政策。此举成功地增强了外商投资者的信心。随后，中国采取新的政策措施，把对外资开放政策从特定区域扩展到全国范围。

在邓小平南巡后，中国的外商直接投资激增了150%，到1992年时达到了110亿美元。1993年，又增长了150%并持续保持两位数的增长速度。在80年代，外商直接投资主要形式是合作经营或合资经营。但是到90年代，外资独资公司成为外商直接投资增长最快的形式，并在1996年达到投资总额的40%。平均投资额也得到增长，并主要转向大型基础设施建设和制造业。2001年多哈回合谈判后，中国加入世贸组织带来了第四次重要转变。[②] 中国在2002年一年内，吸引了创纪录的527亿美元外商直接投资。

---

① 外资公司指外资占股份不少于25%的中国公司。

② 2001年12月，中国成为世贸组织的第143位成员国。

数据分析

外商直接投资在中国主要表现为两种形式：以进入当地市场和以出口为目标的投资。这些投资以后者为主，至少占全部投资额的三分之二。直到中国加入世贸组织，中国市场仍存在双重体系，即较受限制和保护的国内市场和相对开放的出口导向市场。

图 3.4 显示的趋势清晰地表明，直到 2000 年早期，外资仍对中国经济的增长具有重要意义。外资与国民生产总值的比率表明，中国在九十年代对外资的依赖不断加深。直到 2004 年，在比率到达 28％的顶点后才开始逐步降低。2007 年，此项数值为 24％。

图 3.4 外商直接投资资本占 GDP 份额

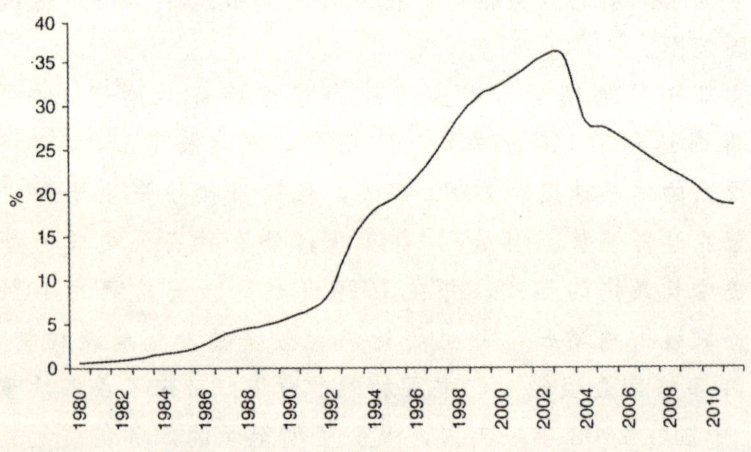

资料来源：《2004 年度全球投资报告》，联合国贸易和发展理事会出版；2004—2011 年数据来源于经济信息中心《2011 年世界投资展望》。

外商直接投资与其他资金来源比较

外商直接投资占固定资本形成总额（GFCF）的比例在1979—2003年间平均值达到7%。在1992年的“高速发展”期间，这一比例骤增，并于1995年达到峰值，即17%左右（参见图3.5）。目前，外商直接投资占固定资本形成总额的比例（FDI/GFCF）呈下降趋势，并预计在2004—2011年期间降到5.5%。[①]

总体上看，从20世纪80年代早期到1998年，中国的资本流入实现了20倍的增长。80年代，资本流入额平稳增长，但从九十年代早期开始，由于大量外商直接投资的带动，该项数据增长迅速。在资本流入所包括的外商直接投资、外来贷款和其它投资中，各项比例在20世纪80年代到90年代逐渐发生改变。八十年代，资本流入主要是外来贷款，占总额的60%左右。但从1992年开始，外商直接投资超过外来贷款成为主要资本流入方式，所占份额达到70%左右。在1979年至2000年间，其它外来投资，包括外来有价债券投资和国际租赁，仅占对华资本流入的4.8%，并且此后这一份额逐年降低。[②]

图3.5中的国内生产总值包括了国有企业（SOEs）投资额。考虑到中国经济中公有制经济所占比例较大，应与私有制经济分别进行统计。公有制经济中，外商直接投资与资本形成比例曲线彰显出对外资的依赖。以此种方式衡量，在1992—1998年间，

① 同上，《2011年世界投资展望》，2007年刊。

② 尽管股票市场向外国投资者开放B股，但外商直接投资的绝大部分仍投向生产领域。中国金融领域的相对封闭和现金的可兑换性的缺乏使得证券投资十分困难，并且无利可图。

中国外商直接投资占资本形成总额的比例达到 27.9%。[①]

图 3.5 外商直接投资占固定资本形成总额的比例（百分比）

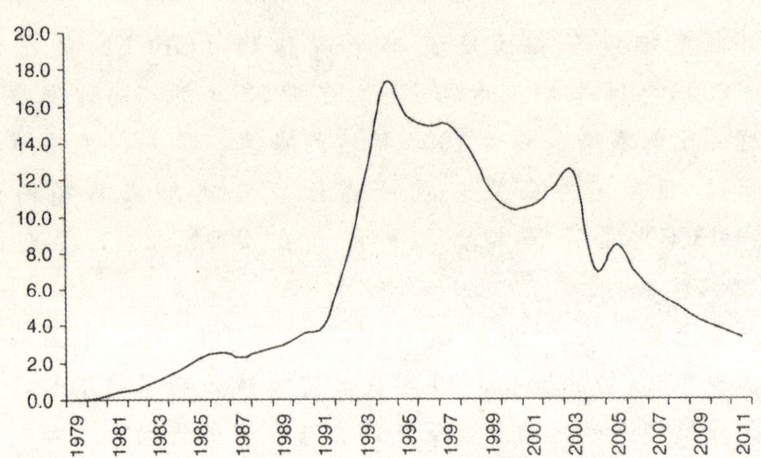

资料来源：《2004 年度全球投资报告》，联合国贸易和发展理事会出版；2004—2011 年数据来源于经济信息中心《2011 年世界投资展望》，网址：www.eiu.com。

外商直接投资的区域分布

从 1978 年开始，累计近 90%的外商直接投资都投向了沿海地区。这是因为，自改革开放伊始，中国就实行差异化的地区经济发展战略，并把东部作为国家投资的优先目标。[②] 一直以来，东部地区对全国 GDP 的贡献率也最高。最新统计数据表明目前情况仍然如此。但是，中国内陆地区对经济增长的贡献值在不断提升（参见图 3.6）。外商直接投资方向也表明该地区的重要性和外商直接投资在中国东部的高度集中（参见图 3.7）。

① 黄亚生：《销售中国——改革时期外来投资》，纽约，剑桥大学出版社，2003 年版。

② 2000 年，中国政府施行西部大开发战略，以扩大对中西部地区的投资规模。

图 3.6 2002 年中国 GDP 总量的各地区份额

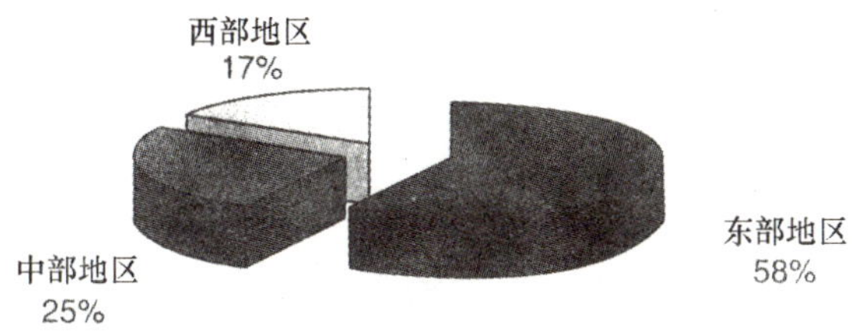

资料来源：《2003 年度中国外资报告》。

图 3.7 2002 年实现的外商直接投资的地区份额

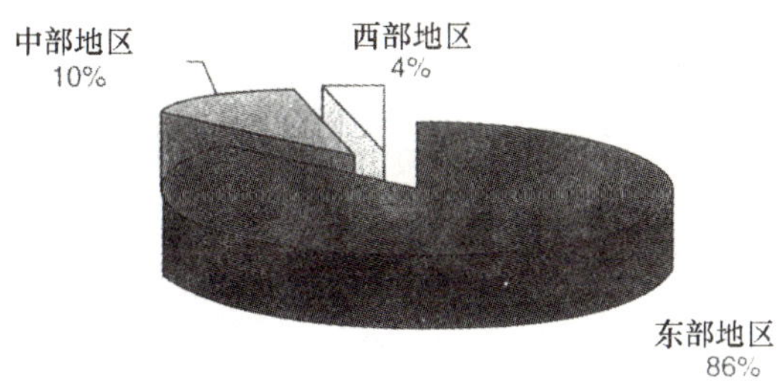

资料来源：《2003 年度中国外资报告》。

20 世纪 90 年代，外商直接投资不再仅仅集中在中国南部沿海地区，而是逐步向东南和东部沿海及内陆省份扩展（参见图 3.8）。但东部、中部和西部三个地区中，外商直接投资表现各异。在东部省份，外商直接投资稳步增长，特别是在 1992—1998 年间，经历了一个高速增长期。在另两个地区，外商直接投资额要少得多，而西部省份情况更糟。因此，从 1992 年开始，东部和中西部地区年度外商直接投资绝对值差距不断扩大。[①]

① 1992—1998 年间，中国内陆地区吸引的外资达 315 亿美元（占外资总量的 13%）。与印度 1997 年 112 亿美元的外资总量相比，甚至与 90 年代拉美的新兴经济体相比，这都是一个巨大的数额。

究其原因，应该是沿海地区劳动力比中西部整体上更高效。[①]

图 3.8　2002 年底东部省市累计外商直接投资情况

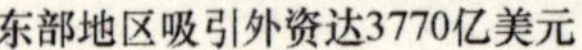

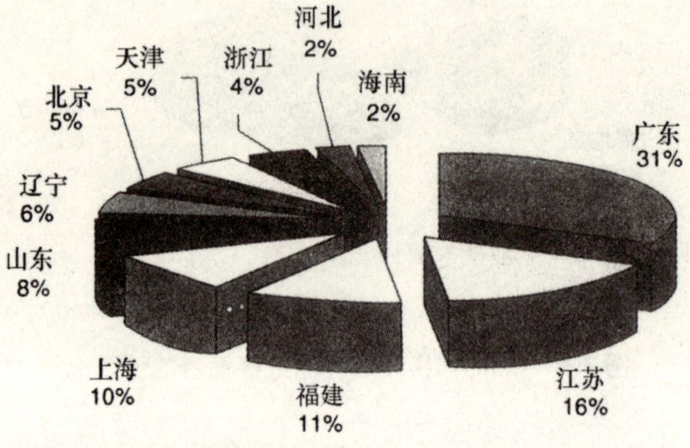

资料来源：《2003 年度中国外资报告》。

图 3.9　2005 年外商直接投资主要来源国

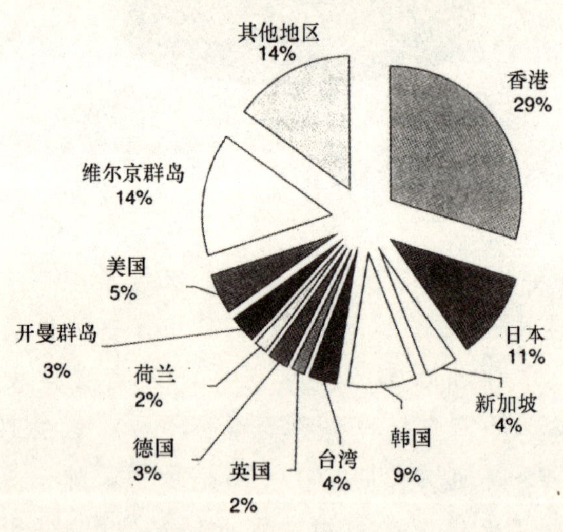

资料来源：《2006 年度中国统计年报》。

---

① 张伟认为，沿海地区所享有的优惠政策并非是该地区自改革后取得显著增长的根本原因。相反，发展的主要推动力来自于自身的比较优势。

表 3.1 1979—2005 主要投资国家和地区

国家	十亿美元	所占百分比
总计	632.8	100
香港	259.5	41.8
日本	53.3	8.6
美国	51.1	8.2
英属维尔京群岛	45.9	7.4
中国台湾	41.8	6.7
韩国	31.1	5.0

资料来源：各年度《中国统计年报》。

趋　　势（参见图 3.9 和表 3.1）

香港：1993 年，对大陆投资达到顶峰。在 1986—2002 年期间，由于投资来源的分散，香港的投资份额呈下降趋势。

台湾：在 1989—2002 年期间，台湾投资占外商直接投资总额的比例从 4.5%上升到 7.5%，但到 2005 年却降到 4%。

美国：在 1986—2002 年间，美国投资占外商直接投资总额的比例从 14.5%降至 10.2%，到 2005 年仅为 5%。（如果把美属海外领地的投资计算在内，应会增加其份额。）

日本：日本投资占外商直接投资总额的比例从 1986 年的 11.7%降至 2002 年的 7.9%，之后又反弹至 11%。

维尔京群岛：自 1991 年开始，作为自由港和“税务天堂”的维尔京群岛积极在华投资。从 1992 年微不足道的份额上升到 2002 年的 11.6%。

新加坡：投资占外商直接投资总额的比例从 1986 年的 0.61%增至 2002 年的 4.4%，并保持这一份额。

韩国：自 1992 年起，韩国投资占外商直接投资总额的比例高于各国平均水平。从 1992 年的 1%增至 2002 年的 5.16%，并快速攀升到 2005 年的 9%。

图 3.10 清楚表明此类外商直接投资首要是出口导向型的。到 2000 年，尽管外资公司的产品只占社会总产品的八分之一，却占据了中国进出口业务的半壁江山。

图 3.10 外商投资企业对贸易的贡献率

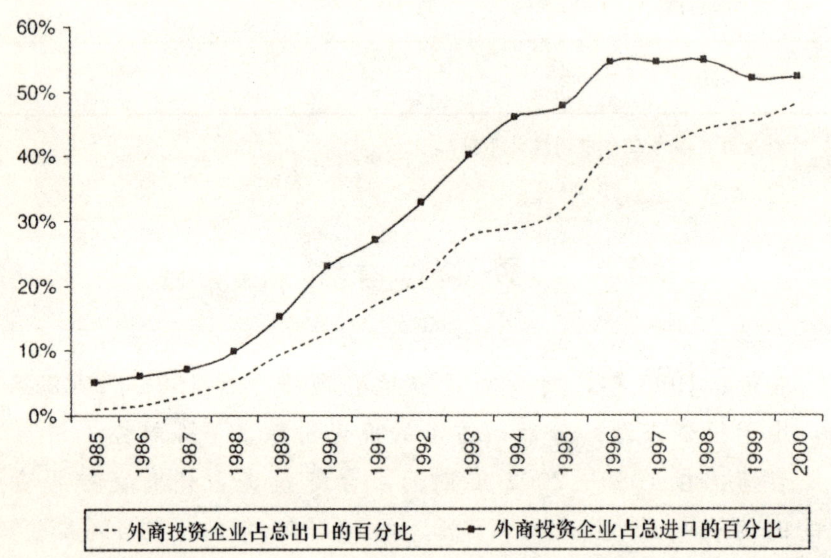

资料来源：拉蒂·尼古拉斯：《中国融入全球经济》，华盛顿，布鲁金斯学院出版社，2002 年版，第 7 页。

反方观点—外商直接投资反映出的不足

麻省理工学院经济学家黄亚生在其新著中列举了一些有趣的

实例，[①] 对中国现有外商直接投资问题的传统观念提出挑战。该书主要观点是中国吸引的大量外商直接投资显示出其经济和财政系统的实质性失衡。要理解中国的外商直接投资模式，就必须全面考察中国20世纪90年代的体制与经济的总体情况。

尽管中国实现了连续20多年的经济和出口增长，但这种经济和财政的失衡状况却导致国内企业的孱弱。外商直接投资的增长部分原因是经济增长拉动，但同时也是因为国内企业未能利用有利的经济环境来进行投资。国内企业竞争力不强的原因在于中国的商品和资本市场的条块分割。这给国内企业带来更多的限制，外资企业却能够更好地抓住机遇并扩大投资规模。黄认为这个10年可分为1997年前和1997年后两个阶段。前一阶段是在缺乏深层改革的情况下实现投资增长，而后一阶段却是在改革的规模和程度上实现了重大突破。自1997年以来，外商直接投资在中国经济发展中的地位相对不再那么重要。

黄认为外商直接投资问题与中国国内公司状况密切相关。作为处置国内储蓄的银行系统致力于服务国有企业，并赋予国有企业在经济发展中的优势地位。[②] 同时，与国内企业相比，外资企业在法律上享有更高的地位。[③] 这种政治方面的优先次序把国内企业和私营企业置于最底层，并产生了投资基金把非国有企业排除在外的“贷款不公现象”。这对原本应由私营公司吸纳的外资产生了“需求拉动”。因此，作为世界最高储蓄率的国家[④]，中国仍吸引了大量外资，但同时巨额储蓄并没有得到有效利用。据此分析，似乎在1997年前，尽管外商直接投资额增加，国内（私人）投资却受到抑制，导致外商直接投资与固定资本形成总额比

---

① 黄亚生：《销售中国——改革时期外来投资》，2003年版。

② 中国宪法对私营经济在法律法规方面的限制，使其从属于国营经济。直到1999年3月，中国宪法才承认私营经济，并赋予其与其他经济相同的地位。

③ 见1982年《宪法》。

④ 1986—1992年，中国的储蓄率达36%。1994—1997年，这一数字增长到42%。（来源于国家统计局）

例不断上升（参见图 3.11）。

图 3.11 外商直接投资占固定资本形成总额的百分比

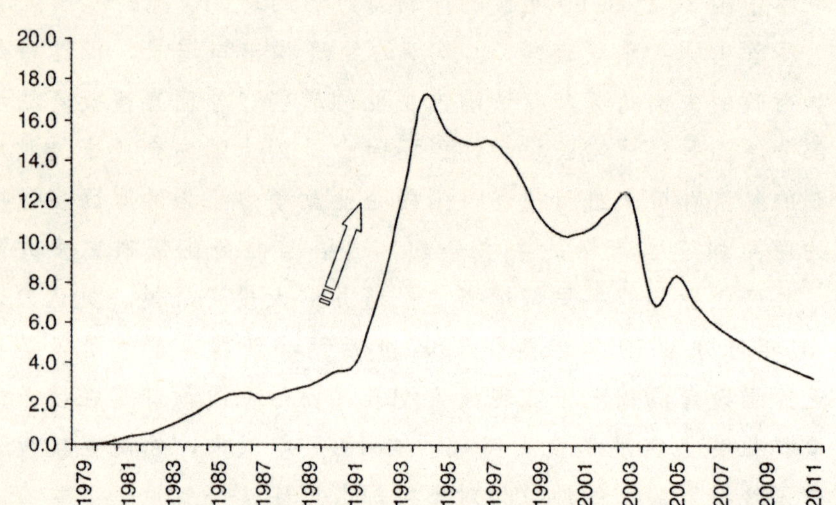

资料来源：《2004 年度全球投资报告》，联合国贸易和发展理事会出版；2004—2011 年数据来源于经济信息中心《2011 年世界投资展望》。

高额外商直接投资的另一个原因是由中国经济结构的分散特点决定的。每一地区在财政和行动方面具有自主权。这使得中国公司小型化，并在中国经济不断增长的同时，难以形成规模经济。由此产生市场的条块分割使得商品、服务和生产要素在地区间难以自由流动（例如：户口政策中对劳动力转移的限制分割了城乡劳动力市场）。这种情况，特别是对国内资本投资的限制，推动外资投向偏远和内陆地区。

自 1997 年起，中国加快改革进程，特别是加速对国内私营企业的改革。1997 年，四大国有银行被批准向私营企业贷款；1999 年，国内私营企业首次被批准直接出口。这些改革措施都导致外商直接投资方式的明显改变。投向劳动力密集型的外商直接投资额骤降，而投向高科技领域的外商直接投资额却不断攀升。

外商直接投资也更加向特定的工业领域集中，并促进了合作出口的明显增长。整体来看，1997年后的变化表明中国经济更趋健康，并且外商直接投资质量也更高。黄亚生提出的模式更适合1997年前的外商直接投资情况。但在1997年后，高科技投资不断增加。

巴利·诺顿的分析似乎与黄亚生对经济条块分割的观点一致："由于出口产品只是对进口免税原料进行加工和组装，因此出口的快速增长对国内企业的生产拉动有限。这使得出口加工企业相对独立，与其他国内企业联系较少，也使得国内企业愈发与世界经济隔绝。"①

相对来说，印度与中国经历相似，也曾对财经系统进行调控。国家是居民储蓄贷款的首选，却根本不考虑私营企业的需求。这种结构似乎对外商直接投资产生了十分巨大的"需求拉动"。但与中国不同，印度没有采取恰当的改革措施来吸引外商直接投资。这也进一步说明，由于缺乏基础设施和灵活的劳动力市场，印度难以吸引投资并成为出口加工中心。

定义难题与警示

本节主要考察中国外商直接投资的循环问题，重点在中国资金回流的"借贷套利"。② 借贷套利的主要原因是本地资本为寻求外资在税收、获取贷款、财产利益保护等方面的优惠，而伪装成外资回流国内。但从90年代后期开始，随着私营企业被赋予相同地位和更多贷款的机会，借贷套利已逐渐减少。

但是，近年来英属维尔京群岛的投资（目前占第二位）和开

---

① 巴利·瑙顿：《中国的崛起及作为贸易大国的前景》，经济研究项目，第27期。布鲁金斯经济论文，1996年刊。

② UNCAD在2001年《世界投资报告》中称其为"过境投资"。

曼岛的投资（占第八位）总量不断增长，有人认为其中大部分资本来源于香港和台湾。

图3.12揭示了借贷套利的过程，但很难统计具体数据。2003年德国银行统计数据表明该项投资占到外商直接投资总额的25%。[①] 更高的统计数据甚至达到50%。[②] 世界银行报告指出，香港对内地投资的25%属于借贷套利。[③] 此外，通过避税港的借贷套利使得对双边投资额的解读变得十分困难。需要注意的是，香港在巴拿马和开曼群岛设立公司的数目从1990年的178家增长了5.2倍，达到2000年的924家。[④]

图3.12 借贷套利模式

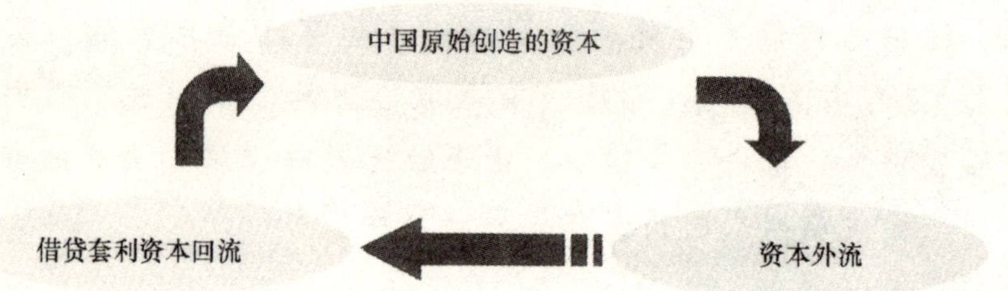

投资额并没有清晰显示出跨地区企业参与中国经济的方式（这将在第五章讨论）。香港、新加坡和台湾公司在中国和全球政治经济中发挥了关键的桥梁作用。这表明本地化过程往往依赖于全球的整体形势。考虑到中国在全球生产价值链中的重要地位和美国、日本通过当地公司进行投资的情况，投资数额并未真实反

---

① 马努·巴斯卡兰：《中国潜在的超级大国—地区反响》，德国银行研究报告，2003年1月15日刊。

② K. 苏博拉曼尼安：《外资投资—中国的教训》，载于《印度报》，2002年11月18日刊。

③ 《2002年全球发展金融》，世界银行，2002年刊。该行并未公布其研究方法。

④ 吴·弗莱德里奇、彭通晓、粤汉霞、普高空：《对中国和东南亚的投资—东盟被排除在外吗?》，载于《新加坡经济观察》，2002年刊。

映它们参与中国经济的程度。因此，官方的双边数据仅做参考。并且由于可用数据的多种多样也可能产生误读。另外根据中国的标准，外商直接投资至少要达到合资额的 25%，而世界经合组织成员国的标准仅为 10%。[①] 这种标准的差异也造成了规模被低估的趋势。

虽然外商直接投资的重要性对印度逐步提高，但对中国却越来越低。同时，考虑到 GDP 总量差距，中国的外商直接投资绝对值仍远远高于印度（参见图 3.13）。

图 3.13　2002—2011 年外商直接投资总量（占 GDP 的百分比）

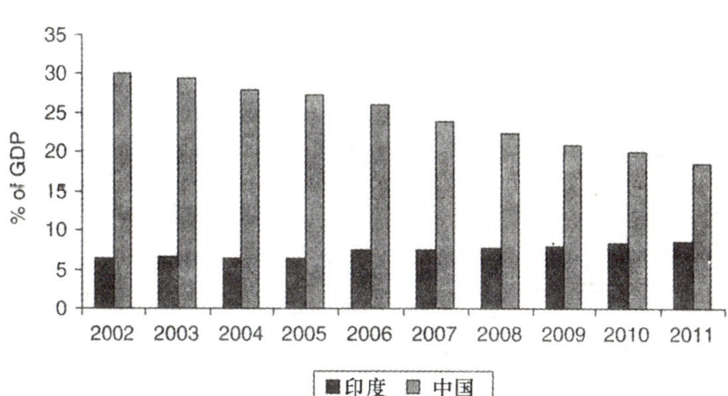

资料来源：经济信息中心《2011 年世界投资展望》。

① 按照国际货币基金组织的解释，外商直接投资指基于一国的资金，以经营资本为目的而获取另一国内的资本（国际货币基金组织，1993 年刊。国际货币基金组织和世界经合组织，2000 年刊）。国际货币基金组织界定的标准是该资金占股权，或投票权，或非公司组织企业的同等条件的 10%。这一标准被多数国家所采用。联合国贸易和发展理事会也在其年度刊物《世界投资报告》的外商直接投资数据中采用此标准。

第四章　1980年后总体回顾：中、印经济发展比较

中、印经济发展的一个显著特点是：中国和印度都逐步放弃早期自给自足的经济策略，转而追求外向型经济。但前者的步子更大一些。两国在拉开改革帷幕之前，都引用了苏联模式（即通过实施著名的五年计划来重点发展重工业），[①] 同时采取高度集中的经济发展战略，通过宏观管理（即国有银行、贸易控制）和微观管理（即价格控制、经营许可）来发展经济和调配资源。

两国转变发展具体模式的动因也相近：在1978年邓小平提出改革和1991年的印度拉奥改革中，当早期措施并没有带来应有的结果时（即建立市场经济体制），两国都对经济发展方向作出重大调整。值得注意的是，两国的经济发展都并非一帆风顺。邓小平改革中发展与停顿相互交替的情况持续到1989年，这也与印度改革相似。有人认为，印度经历了5年爆发式增长后陷入停滞，直到政治经济压力促其再度发展。[②] 但是，在90年代早期邓小平引导中国改革前进的同时，印度的政治体制却阻碍了政策的持续和发展。[③]

至少从20世纪50年代开始，诺贝尔奖获得者西蒙·库兹涅

---

① 应关注计划机构的相似性：中国的国家规划委（1953）与印度的计划委（财政部）。

② 维杰·乔西，I. M. D. 利特尔：《印度的经济改革，1991—2001》，纽约，牛津大学出版社，1996年版。

③ 德赛·麦格耐德：《印度和中国—政治经济比较》，国际货币基金组织印中会议报告，新德里，2003年11月刊。

茨认识到，发展模式被归纳为从农业到生产制造业、再到商业的这一流程。尽管印度发展迅速（是世界上发展最快的国家之一），但生产制造业并未充分发展，（这一印度“谜团”的原因将在稍后探讨）。在印度，按照对GDP贡献率排列，最重要的服务业分别是：银行业、批发和零售贸易、日用品和运输业。中国恰恰相反，发展道路更符合传统模式（参见图4.1、图4.2和图4.3）。

图4.1 1980年GDP中的行业贡献率

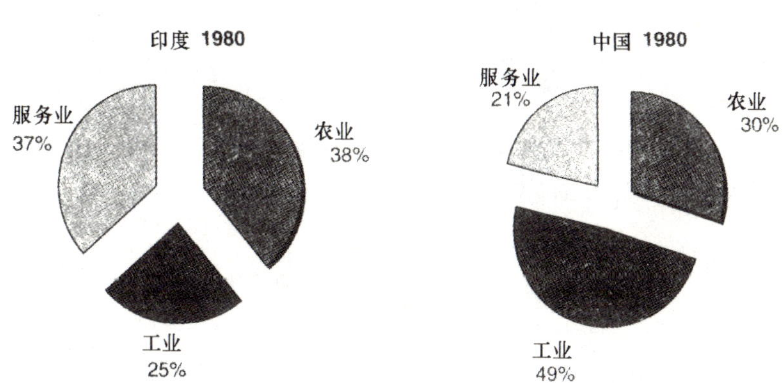

资料来源：《全球观察》，经济信息中心（EIU）。

科赫哈等人指出，印度服务业在GDP中所占份额在过去20年中从37%增长到49%。而加工业大致稳定在16%。同期印度加工业所占份额的增长比各国平均增长水平低2.5个百分点。但服务业所占份额的增长比平均水平高10%（但服务业的就业低于平均水平）。克哈尔等人认为：“就20世纪80年代后总体情况而言，印度加工业低于其他同类国家的平均水平。”[1]

---

① 克哈尔·K.、库马尔·U.、拉简·R.、苏泊拉曼尼安·A.、陀卡特里迪斯·I.：《印度发展模式—发生的和将要发生的》，国际货币基金组织工作论文，2005年刊。

图 4.2 2003 年 GDP 中的行业贡献率

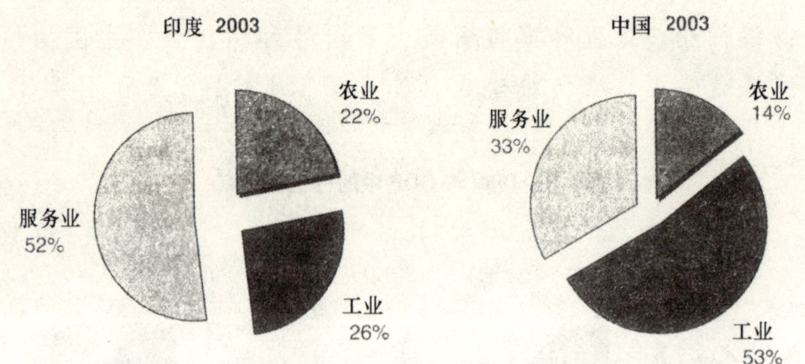

资料来源：印度相关数据来源于《印度的重要标识》，刊于《麦金斯季刊》，2005 年刊。中国数据来源于《2005 中国统计年报》。

图 4.3 2006 年 GDP 中的行业贡献率

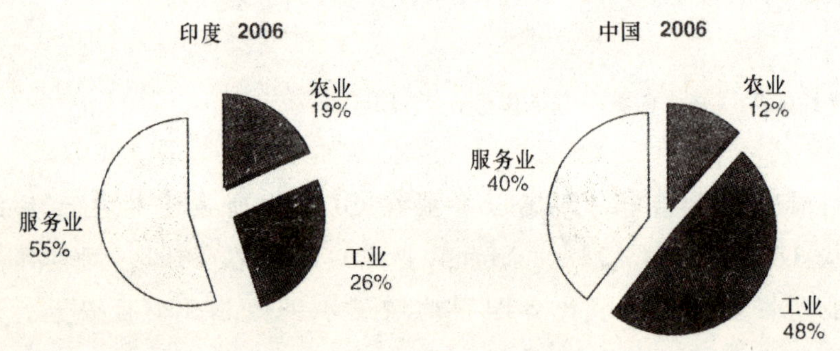

资料来源：印度相关数据来源于《RBI2007 年度报告》。中国数据来源于《中国经济》，2007 年第二期。

需要指出的是：尽管中国的跨国服务贸易（大部分是与加工业相关的服务产业）在 GDP 中所占份额与印度相比要小，但就跨国贸易和投资而言，中国服务业在总体上与世界经济联系更紧密。[①]

从图4.4可以看出：中国服务产业在GDP中所占份额增长了8.7%，所吸纳的劳动力所占份额增长了5.3%。而印度服务产业在GDP中所占份额增长了7%，所吸纳的劳动力所占份额仅仅增长了2%。但印度服务业的就业弹性大约在0.3，远低于中国的1.64。

图4.4　服务业增长及吸纳就业情况

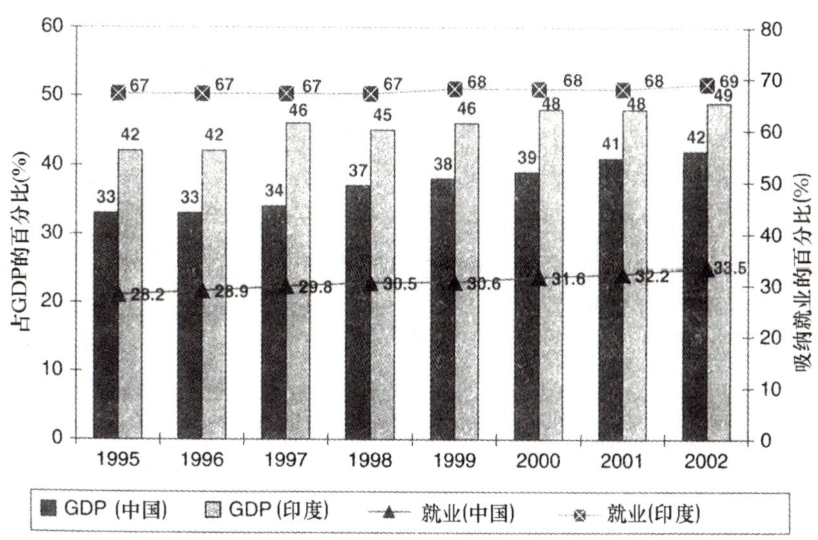

资料来源：尼克姆波利拉克·敦登：《关于服务业在中国和印度经济发展中地位的比较研究》，（修订版），泰国发展研究所，2006年6月19日刊。

中国各行业间劳动力的重新布局表明劳动力（1997年之后）从加工业（1997年之前）和农业向服务业流动的状况。中国加工业在就业人数减少的同时实现了出口快速增长，表明了生产能力

① 尼克姆波利拉克·敦登：《关于服务业在中国和印度经济发展中地位的研究》，泰国发展研究所，2006年6月19日刊。

的持续提升。[①] 图 4.5（a）并没有显示出两个重要的因素：一是 90 年代初劳动力总体上从国有企业向更灵活的非国有工业部门流动；二是劳动力教育增长。同时需要指出的是，最近的调查表明：三分之一的产业工人从属于出口生产领域，相当于全国 7.5—8 亿劳动力总人数的 6—7%，约为 5000—6000 万人。[②] 图 4.5（b）清楚地说明了中国劳动力从第一产业（农业）向工业和服务业流动的情况。

图 4.5（a） 中国各行业就业情况 单位：百万人

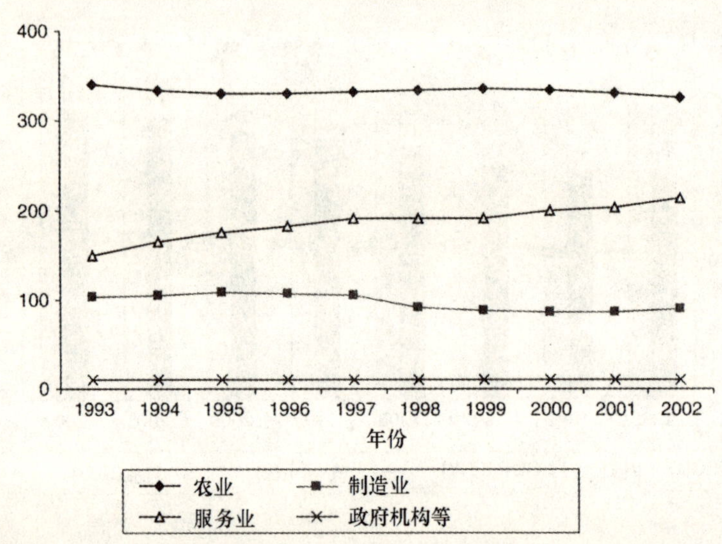

资料来源：《2004 中国统计年报》。

① 尼克姆波利拉克·敦登：《关于服务业在中国和印度经济发展中地位的研究》，泰国发展研究所，2006 年 6 月 19 日刊。

② 经济观察：《中国传统悖论》，载于《经济学家》，2008 年 1 月 3 日刊。

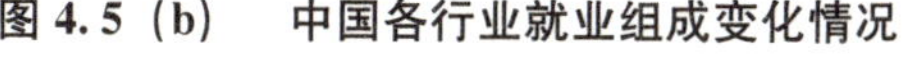

图 4.5（b） 中国各行业就业组成变化情况

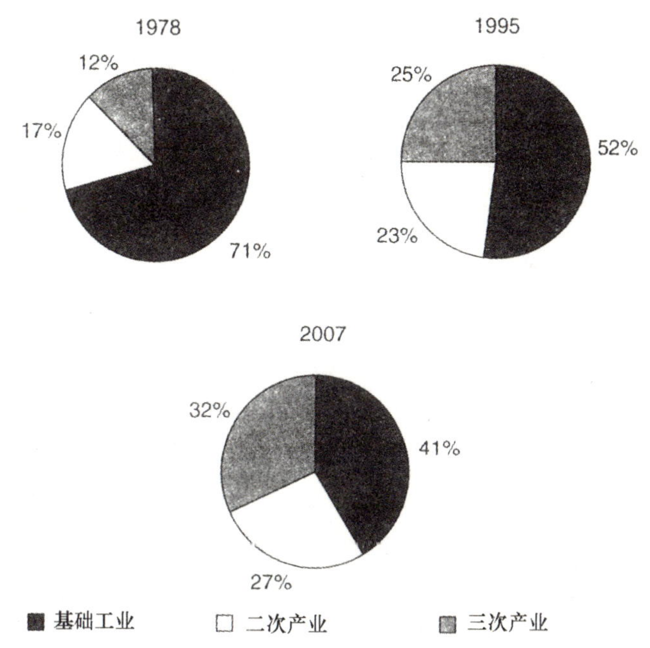

资料来源：《2008 中国统计年报》。

但对印度而言，在农业、加工业和服务业这些行业就业的人数十年间几乎未变（参见图 4.6）。并且，农业从业人数未减少的现象与处于转型中的经济常规发展规律相矛盾。印度服务业在增长的同时并未增加就业的原因在于，服务业的增长很大程度上是由一些与服务相关产业的拉动。这些产业包括银行、电信及信息技术服务业（ITES）。所增加的就业并不能抵消其它相关产业对劳动力需求的减少。[①] 尽管近期由于软件服务和银行业人员缺口并已从加工业吸纳劳动力，但由于这些行业对劳动力高技能的要求，不可能从无技能的农业吸纳劳动力。与中国相比较，印度还

① 经济观察：《中国传统悖论》，载于《经济学家》，2008 年 1 月 3 日刊。

未形成高度组织化的劳动力就业。[①] 印度90%的劳动力属于非组织部门。

图 4.6　印度有组织行业就业情况　单位：百万人

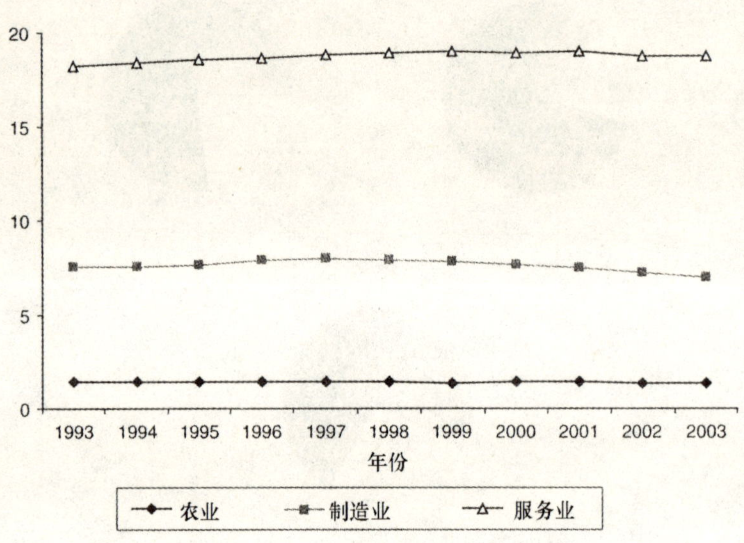

资料来源：印度财政部；《2005—2006 年经济观察》。

图 4.8 也清楚显示出中国的经济增长得益于其与世界贸易体系的快速接轨。到 2007 年底，中国已成为全球第二大出口国。其中，外资企业占其出口的 50%。在中国 2001 年加入世贸组织之前，中国经济就显现出受外商直接投资驱动的特点。目前，中国占亚洲出口的 55%、世界进口总量的 7.2%、全球进口增长的 16.5%。中国占全球 GDP 增长的份额达到令人震惊的 16%。这反映出目前广为人知的通过中国实现亚洲向西方市场出口的趋势。在上一个 10 年中，中国已成为跨国生产价值链的中间环节。

① 这很大程度上应归咎于结构限制，包括不灵活的劳工法律、初级和中级教育间衔接不好。

图 4.7　中、印两国城市化进程

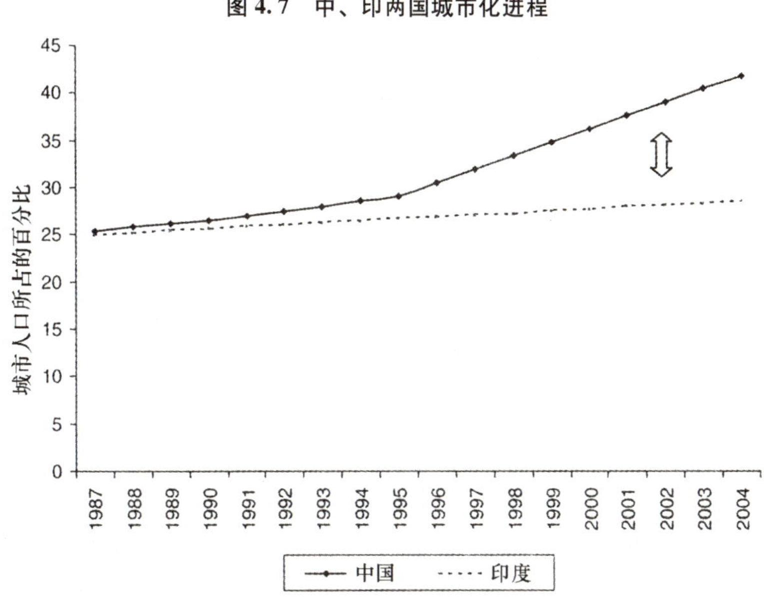

资料来源：亚洲发展银行，2005 年关键数据指标。

图 4.8　中、印贸易情况比较　单位：亿美元

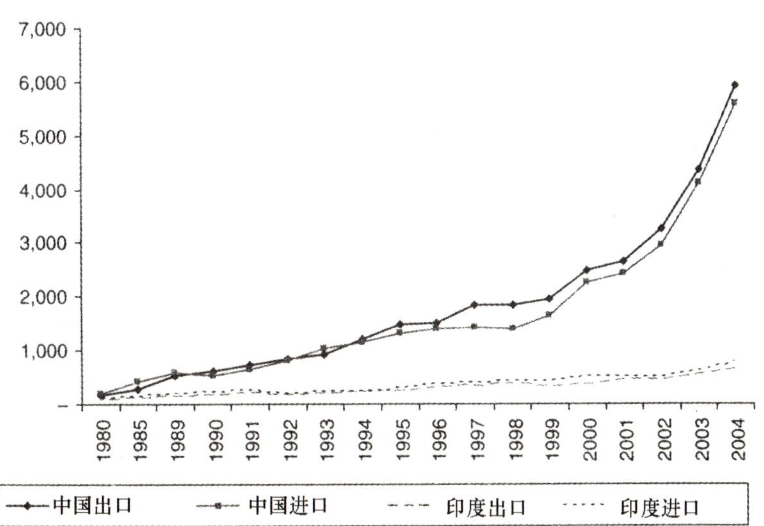

资料来源：中国数据来源于《2005 年度中国统计年报》；印度数据来源于 RBI。

中国出口产品包括两类：一类是加工组装产品、消费品和电子产品（其中高科技零部件需进口）；另一类是劳动力密集型产品（家具、玩具、服装和鞋）。无技能的劳动力密集型产品所占份额减少的同时，资本密集型、科技密集型加工出口份额却在增加（参见图 4.9）。但是，应指出的是中国生产流程中的组装（包括零件和成品组装）属于相对非高科技和高度劳动力密集型生产。与进口零部件相比较，组装过程并没有那么复杂。并且，跨国公司占据了中国该项贸易的主体。从 1985 年到 2007 年，外资公司进出口所占份额从 10%增长到 60%。[①] 有出口业务的前 20 家外资公司中 17 家从事电子相关行业生产。图 4.10 和图 4.11 分别说明了 2004 年出口产品类型和从事出口业务的公司类型。

图 4.9 出口产品情况

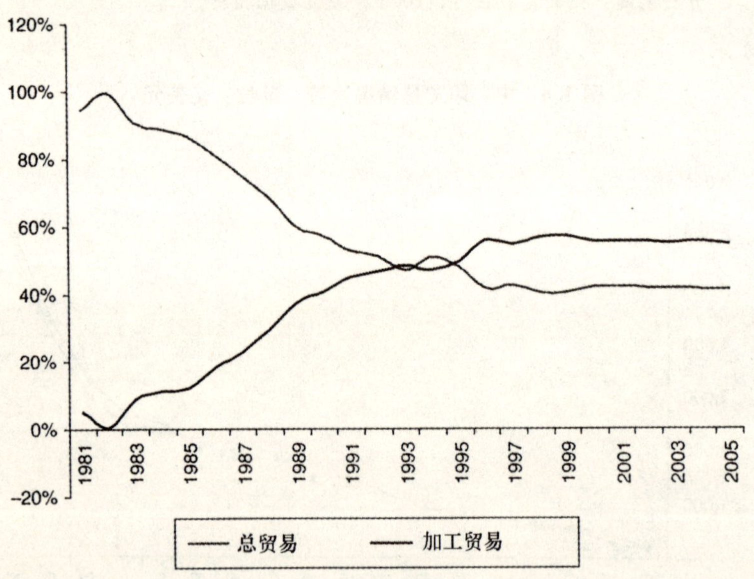

资料来源：《2006 年度中国统计年报》。

① 资料来源：中国国家统计局。

图 4.10　2004 年出口产品类型

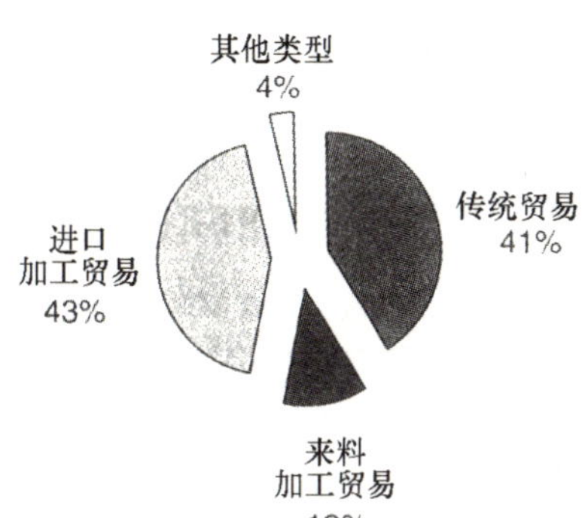

资料来源：财政部，计划与财政司，2005 年。

图 4.11　2004 年从事出口的公司类型

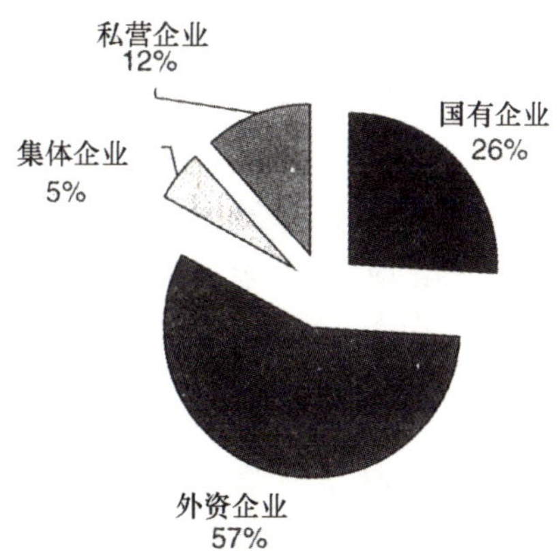

资料来源：财政部，计划与财政司，2005 年。

与中国相反，印度采取了相对渐进式的方式。把自由贸易同更本地化的服务导向增长相融合。这其中大部分属于非贸易性的。

两国经济同时增长的另一重要方面就是能够充分利用充裕的

劳动力资源（12亿人），并成功地发展了劳动力密集型工业（参见表4.1）。就印度目前在全球劳动力带动的生产中所占份额来看，印度的潜力仍未得到充分发挥。但是，中国在成为跨国生产链中心的同时，也降低了其它世界经合组织成员的竞争力。

表4.1 全球劳工数量双倍增长变化情况

劳动力人数（百万）	全球	发达国家	发展中国家	新兴经济体
1980	960	370	590	—
2000年前	1460	460	1000	—
2000年后	2930	460	1000	1470*

资料来源：ILO数据制表，网址：laborsta. Ilo. org。

*中国为760；印度为440；前苏联为260。

中、印经济发展比较

进入20世纪80年代以来，随着连续30年的经济增长，中、印人均收入增长情况相似。中国人均收入年平均增长率达到4.4%，印度达到3.75%。[①] 从图4.12中，可以看出相关差别：

在1978年之后的25年中，中国超过印度，人均收入增长了两倍。而印度人均收入仅翻了一番。在与世界经济联系方面，中国也优于印度。安格斯·麦迪逊称：到1998年中国人均外商直接投资额达到183美元，而印度仅为14美元。[②] 事实上，到2004

① 斯里文森·T. N.：《中国和印度：增长与贫困，1980—2000》，斯坦福国家发展中心，工作论文，第182号，2003年9月刊。

② 安格斯·麦迪逊：《世界经济千年展望》，巴黎，载于《世界经合组织发展中心研究》，2001年刊。

年，中国累计吸引外资总额达5千亿美元。[①] 普遍认为：同印度相比，中国在计划经济时代更具有“社会主义特征”，在改革年代又更具“市场经济特征”。

图 4.12 1980—2001 年中印人均 GDP 情况

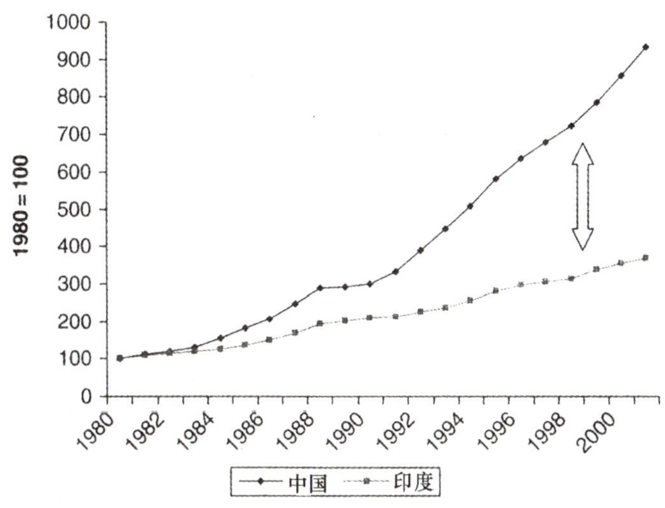

资料来源：《世界发展数据》，世界银行。

1978年后中国经济发展可以宽泛地归纳为三次改革浪潮：一是家庭联产承包责任制改革；二是80年代中期实施的财政权力放开，促进了乡镇企业（TVEs）的繁荣发展和劳动力从农业向地方工业的转移；三是1992年9月邓小平著名的“南巡”讲话及重大改革措施的实行，促进了更多私人资本投资和外商投资。

中国改革发端于农业。芝加哥大学教授埃尔文·杨分析了中

① 需要指出的是，中国的外商直接投资从未超过总投资额的15%。考虑到中国经济中公有经济占较大比例，对私营经济投资值得单独考察。刨除公有经济投资，外商直接投资在资本形成中所占比例显示出中国对外资的高度依赖。如此计算，1992至1998年，外商直接投资在资本形成中所占比例达27.9%。外资的重要性随后逐渐下降。

国非农业生产后作出如下结论，该结论符合经济发展的传统理论：

“尽管学术界普遍关注工业和出口，但如果深入了解世界增长最快的经济体，就应关注最基本的发展因素，即农业、土地和农民。”①

在实施改革后，土地仍归国家所有，但个人的生产积极性得到提高，有权自主生产和经营。中国农民在上交计划规定数量之外，有权自由支配剩余的产量。② 随着一些农产品价格的上浮，促使农村家庭集中使用劳动力资源，从而也拉动了非农业生产。

农业增长率从1952—1978年的2.9％猛增到1978—1984年的7.6％。农业的增长使得农民人均收入在1978—1985年间平均每年增长15％。在较富裕的农村，很大部分的收入投向了乡镇企业。③

按照1984年实行的财政责任体系，随着中央逐渐减少对地方的财政支持，地方政府逐渐主导了当地经济发展。④ 同时，地方政府可以自由支配地方税收和非税收收入。对地方政府的预算要求促其积极推动乡镇企业发展，从而不仅满足了农村生产的需求，而且提高了财政收入，使当地政府有财力进行基础设施建设。基础设施的改善又吸引了更多的投资。总的来说，在劳动力就业布局方面，1978—1985年农业就业人口份额从62％降到

① 杨·埃尔文：《黄金作为基本金属—改革时期的中国生产增长》，NBER工作论文，第7856号，新德里，2000年8月刊。

② 纳加拉吉·R.：《中国和印度的工业增长—基础比较》，载于《经济与政治周报》，2005年5月21日刊。

③ 列德尔·詹姆斯、金晶、高建：《中国的增长—投资、财政和改革》，新泽西，普林斯顿大学出版社，2007年版。

④ 1979年前，中国的预算政策，主要包括总体税收和利润缴纳，本由中央政府控制，随后按需分配到省市。“大锅饭”制度在1980年政府改革后得到改变，各级被赋予不同的支出和征收权限。

53%，而乡镇企业就业份额从7%增长到14%。[①] 到90年代初，超过1.2亿劳动力从农业转移到乡镇企业就业。随着结构性调整，尽管速度有所减缓，但到2003年，农业就业人口比例将降到40%（参见图4.13）。

图4.13　1978—2003年均增长率及农业就业比例

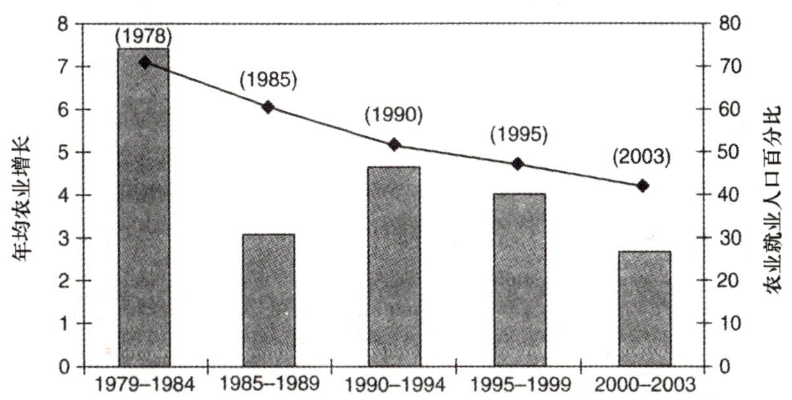

资料来源：列德尔等：《中国如何增长》，新泽西，普林斯顿大学出版社，2007年版，第6页。

到1985年，农业改革的效果微乎其微。但中国仍保持了整个改革期间9%以上的GDP增长，动力来自于（不纳入中央计划的）非国有乡镇企业在80年代的繁荣发展。随着财政地方化和国内及外资私营企业的发展，这些企业带动了90年代工业的整体发展。同时需要指出的是，非国有资产并未取代国有资产。国有企业尽管发展速度有所减缓，但仍保持增长势头（参见图4.14）。

① 1979年前，中国的预算政策，主要包括总体税收和利润缴纳，本由中央政府控制，随后按需分配到省市。“大锅饭”制度在1980年政府改革后得到改变，各级被赋予不同的支出和征收权限。

图4.14 1980—2003国有和非国有企业工业GDP产值（单位：亿元人民币）

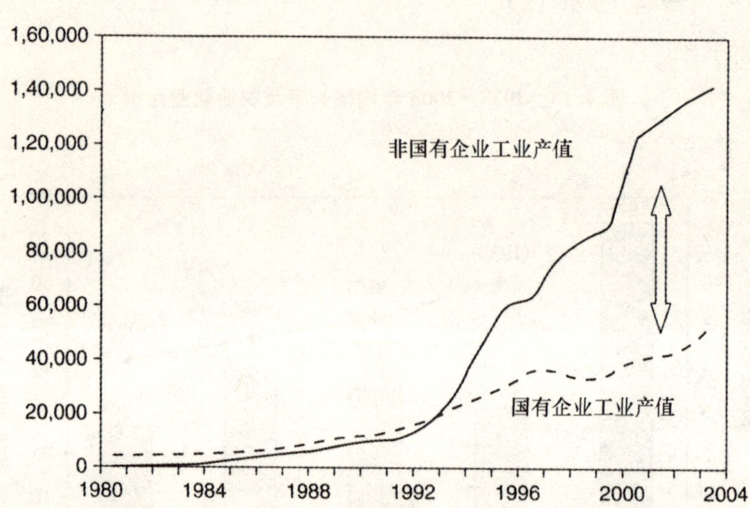

资料来源：列德尔等：《中国如何增长》，新泽西，普林斯顿大学出版社，2007年版，第10页。

随着计划经济体制的改革，中国寻求通过在南部沿海城市改善基础设施来促进劳动力密集型产品的出口。这项政策吸引了外商直接投资，特别是来自于东南亚华侨以及香港的投资，从而克服了国内在面向世界市场时在企业制度和技术方面的局限。国内低廉的劳动力和香港成熟的市场经济组织结构有机结合，使得中国成功进入世界消费品市场。

在90年代初，国有企业亏损情况严重，财政地方化在刺激乡镇企业快速发展的同时，损害了中央政府对宏观经济的控制。这些变化成为经济转型的必要条件。地缘政治变化（苏联解体）及国内社会经济不稳定促使中国共产党重新审视改革后续发展道路。就是在这样的背景下，邓小平发表了著名的“南巡”讲话。1992年9月，中国共产党在北京召开第十四次代表大会，支持进一步深化改革。1993年，中国共产党决定建立"社会主义市场经济体制"，并开始改革原有的财政—金融体系，采用了接近于财政放开的税收—分配体系。货币金融体系也实行地方化，使得国有企业改革能够获得金融支持。私营企业作为"公有经济的补充"首次获得承认，于1997年9月被提升至"经济的重要组成部分"高度，并最终于1999年3月被写进宪法。①

图4.15显示了外商直接投资的变化。80年代，大部分外商直接投资的形式是与国有企业合资。90年代，投资形式大部分表现为独资或与私营企业合资。总的来说，私营企业在工业生产中所占份额从80年代中期微不足道增长到2004年的57%，超过半数。

图4.15　1988—2003各类型企业外资投资情况（单位：亿元）

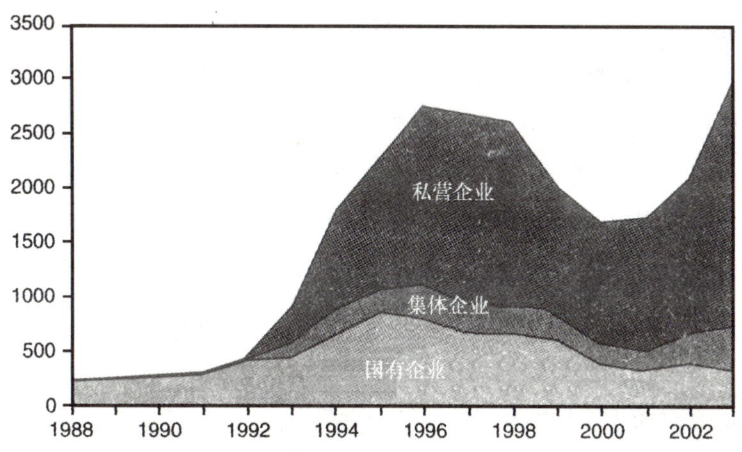

资料来源：列德尔等：《中国如何增长》，新泽西，普林斯顿大学出版社，2007年版。

① 同上书，第12—13页。

复旦大学中国经济中心主任、经济学教授张军认为：中国经济增长的动力来自于地方政府间的相互竞争，从而导致地方政府间和集体—私营合作在全国范围内开展基础设施建设竞争。通过出国考察和学习的方式，地方政府把握住了经济发展的机遇。通过这些政府官员引进外商直接投资和市场考察，中国可以在不根本改变整体政治体系的情况下，转变官员的政治理念。张教授指出：中国人力资本素质的提高增强了官员机构的效能，并且直接促进了中国出口产业的繁荣。① 可以清楚的看出，中国的增长也得益于“自下而上”的模式。

印度的工业经历了1965—1980年间的相对停滞后，从1980年开始增长。出口增长也发生在80年代中期。但是，从1991年开始的经济改革直到近期，印度生产和出口都未得到提速。事实上，由于90年代农业增速比上一个10年降低，以及15余年来公共基础设施建设投资减少，从90年代中期开始工业增长速度减缓。80年代中期以后，赤字增长的压力限制了公共设施的投资：1986—1987年，公共设施投资占GDP的额度持续大幅下降，从11.2%减少到2003—2004年的5.6%。②

在之前提及的“印度之谜”中，与大规模农业经济相伴的是服务业的高速发展（约占GDP总额的50%），但工业发展却远远落后。印度的结构性局限导致这样的局面：拥有一定数量的技术人才储备（约2500万人拥有大学及更高学历），但同时全民文盲率近40%。2000年，印度在学生人均GDP的花费上，高等教育占86%，而基础教育仅占14%。

由于政策环境的持续低效，即国家无法扩展“核心基础设施”，从而无法为充满活力的工业基础和严格的劳动法规创造一个有利的环境。这限制了对剩余生产要素的使用。国际货币基金

① 《中国与世界未来》，2006年4月28—29日刊；《全球化时代中国的前途》，4月29日刊，座谈会研讨。网址：http：//chicagosociety. uchicago. edu/china.

② 斯里文森·T.N.：《关于“印度式增长”到生产增长的探讨—印度增长转型的秘密》，国际货币基金组织成员论文，2005年9月刊，第52期，第2号。

组织前首席经济学家拉格拉兰姆·瑞坚称其为“被迫适应”：企业家填补了由于机构制约所导致的真空，把资源输送到对基础设施依赖较少的服务行业（相对高层次的高等教育创造出可用的技能人才基地）。[①] 90年代，印度服务业产值占GDP总额的60%强。对经济增长拉动最大的行业包括商业服务、通讯、银行服务及酒店餐饮和商品服务。这五大行业共同构成了90年代整个服务领域的增长。有经济学家最近评论到，印度服务业的成功绝不应归功于政府。[②]

戴维什·米特拉也指出国家就业法规导致缺乏活力的劳动力市场和基础设施建设的缺失，本可以加速印度加工业发展的两个根本性因素，却抑制了劳动力生产发展、就业和资本积累。[③]

印度的改革与中国不同，从未重点发展农业（土地改革）。印度农业增长缓慢，到2007年计划增速为2.5%，而中国农业在过去的15年中持续增长，增速达4%—5%。一些比较性的统计数据能够说明这些问题。

根据世界粮农组织（FAO）数据，2003—2005年间印度平均大米产量为每公顷3034公斤。相比较而言，中国的该项数额高出了一倍多，达6233公斤。与此类似，印度小麦的该项数据为每公顷2688公斤，而中国达到4155公斤。根据国际稻米研究所数据，尽管印度耕地面积几乎是中国的两倍（4200万比2800万公顷），但2004年印度大米产量为1.24亿吨，而中国却达1.86亿吨。在利润高的园艺产业方面，印

---

① 《印度发展模式：已发生和将要发生的?》，国际货币基金组织工作论文，2006年1月刊。

② 戈登·詹姆斯、柏南·古朴塔：《理解印度的服务革命》，国际货币基金组织工作论文WP/04/171号，2004年9月刊。2006年，辛格·尼尔菲伽指出，电信改革确实有利于IT和ITES行业的快速发展。

③ 戴维什·米特拉：《印度的加工制造业：高速增长经济中的落后行业》，纽约，经济部门，锡拉库扎大学，麦斯威尔公民与公共事物学院，2006年刊。

度和中国在1980年产量相近，分别为5500万和6000万吨。但到2003年，中国年产量增长到4.5亿吨，超过印度的1.35亿吨。[①]

依据中国农业政策研究中心主任黄季焜教授的观点，中国农业超过印度的原因有三：一是科研发展推动技术进步；二是农村基础设施投资，主要包括道路、仓储、市场设施；三是逐步放开的农业政策。[②]

中、印两国都拥有高储蓄率（中国达40%，印度达28%）。理论上说，两国都不应缺乏资金（储蓄投资链），但中国明显比印度资金充裕并能够积累大量的储蓄，服务于多种社会经济目标。[③] 但是，中国经济增长存在结构性问题。国有企业主导银行系统（即国家储蓄），因而地方资金难以有效地向私营企业流动。这对外商直接投资产生巨大需求，而在上一个10年，中国对此早有准备。但是，政策扶持环境和创造出口主导性增长的方向才是吸引外商直接投资的关键因素。吸引的外资力图在新兴的东部沿海地区完善基础设施建设。麻省理工学院的黄亚生探讨了中国经济增长的地区分割的特点。[④]

与中国相比，印度经济更呈现这样的特点：提供重要公共基础设施产品的公共企事业单位（PSUs），与1991年后放开的私营经济具备固有联系。因此，公共企事业单位的任何停滞和缺失都将影响到印度私营工业的生产活动。能源生产方面的低效就证

---

① 艾亚尔·巴拉维：《农业—印度和中国的基础》，载于《印度报》，2007年9月3日刊。

② 同上。

③ 据2006年1月22日《麦金斯季刊》数据，2003年印度的财政储备总量达GDP总量的137%，而中国的同一数值达323%。

④ 黄亚生：《销售中国—改革时期外来投资》，纽约，剑桥大学出版社，2003年版。

明了其对工业生产的损害。[①] 由于出口主导模式并未像中国那样突出，以及内部管理低下和政策环境的缺失（缺乏高效的经济特区和劳动力改革），印度无法通过吸引外商直接投资来促进加工业的增长。

中国位列世界上最高储蓄率的国家之一。[②] 但由于国内储蓄无法进行有效投资，因此仍吸引了大量外资。根据经验，外商直接投资增长持续到1997年前，而由于国内投资受到抑制，导致外商直接投资占固定资本形成总额份额不断增长（参见图4.16）。

图4.16 外商直接投资占固定资本形成总额的百分比

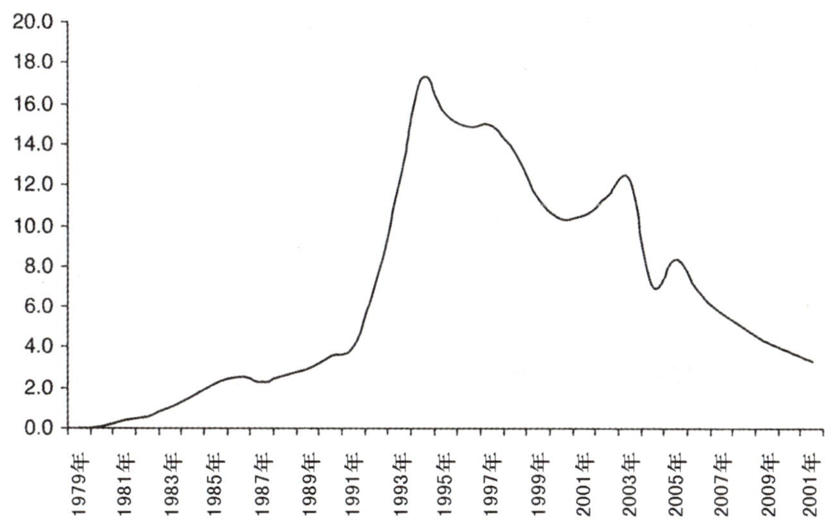

资料来源：《2004年度全球投资报告》，联合国贸易和发展理事会出版；2004—2011年数据来源于经济信息中心《2011年世界投资展望》。

---

① 加利福尼亚大学的尼尔维卡·辛格近期通过分析投入与产出结构，在印度各行业中效率增长方面，筛选出对GDP增长贡献位于前十名的行业。包括：电子、水和气供应部门、运输服务、铁路、煤炭等。他认为目前与1991年改革前情况基本相同，印度经济增长率与这些行业密切相关。见尼尔维卡·辛格：《需要刺激增长的十大行业》，财经出版社，2006年12月1日刊。

② 1986至1992年，中国的储蓄率为36%，而1994至1997年，增长到42%。目前，估计达40%至50%之间（国家统计局数据）。

另一项差异表现在中国的经济结构具有地方化特点。每一地区拥有决策和财政自主权。这导致中国公司的小型化特征，无法在大范围内发挥规模经济效应。同时由于商品、服务和生产要素市场的分割，无法实现跨区域流动。中国企业很少与其它省市公司合作或投资。例如，一项最新的研究表明在800家实行了国内企业间合资和资产配置的公司中，86%的企业在本城市内投资，91%的企业在本省内投资。[①]

中国国内资本难以流通的情况，吸引外资投向国内公司投资受限的偏远内陆地区，这在很大程度上归结于财政地方化。地方化的现状刺激地方政府实行保护性政策并体现出“反集中化”现象，即地方政府通过行政措施促成不断复制本地的小型公司来获取回报，结果是中央整体计划让位于许多受地方省市控制的地区型经济。[②]

两国经济对比表明，由于出口导向产业拥有独立的基础设施和政策扶持环境，双重体制（即国有企业和外资出口企业）及国有企业低效的影响有限。直到加入世贸组织，中国的贸易体系仍具双重性：相对封闭和保护的国内市场和相对开放的出口产业。[③]双重的外汇市场延续到1994年，而双重的房地产市场（针对中国人和外国人的不同市场）延续至2002年。

印度的“整体”经济本应成为一种优势，但目前公共设

---

① 郑经海、阿涅·比格斯登、胡安钢：《中国增长能够持续吗？—对特定的法律、财经增长的生产观点》，载于《世界发展》，2007年刊。

② 列德尔·詹姆斯、金晶、高建：《中国的增长—投资、财政和改革》，新泽西，普林斯顿大学出版社，2007年版。

③ 瑙顿·巴利：《九十年代末中国的贸易体制—成果、局限及对美国的影响》，载于《中国的未来—建设性伙伴还是潜在威胁》，泰德·G.·卡朋特和詹姆斯·A.·道恩主编，华盛顿特区，CATO研究所，2000年刊。

施（即"核心基础设施"[①]）的效率低下，拖累了加工业发展。因此对资本集中程度不高和对核心"公共设施"依赖较少的服务行业和信息科技，特别是软件业，与拥有独立基础设施的加工业一样，毫无例外地得到繁荣发展。总的来说，中国经济的条块分割将使在纠正这种经济机构问题时面临挑战。而印度相对"整体"的经济结构，可能使其短期的劣势转化为长期的优势。

正视不足

印度储备银行经济学家桑杰·汉斯达通过详细的投入—产出分析，指出了从服务业到工业顺序的错误。[②] 印度国际经济关系研究院工作报告评估了从1980—1981年度到1997—1998年度的加工业生产数据，发现服务业投入对加工业产出具有重要作用。[③] 这两方的研究都未描绘出经济增长的机制，但都支持服务业增长和革新可以推进加工业增长。这与中国国民核算的更新所显示的加工业有助于国内服务业增长的理念相一致。事实上，影响表现的方式包括：汽车产业需要服务配套，同时通讯中心需要计算机设备。[④] 通过关于服务业对印度和中国整体发展贡献的比较，显示"印度最终将实现的加工业繁荣，一定会促进服务业发展。而

---

① 广义上指能源的生产和传输、道路、桥梁、铁路、供水设施、水处理系统、灌溉、卫生设施、排水系统或固体垃圾处理系统、港口、空港、内陆水运或港口。

② 珊格·K. 汉斯达：《服务导向增长的可持续性发展—印度经济投入产出分析》，RBI临时工作报告，第22期，第1号，2和3号，2001年刊。

③ 拉什米·邦加、B.·N.·戈尔达：《印度生产中服务业的贡献—改革前后》，ICRIE工作论文139号，新德里，2004年刊。

④ 被引用于辛格·尼尔维卡：《服务生产争论》，载于《财经快报》，2006年1月26日刊。

目前由于工业停滞而部分限制了服务业的发展。[①]

在两国寻求更加多样化和平衡增长战略时，双方未来发展明显地依赖于改革的进一步深化。到目前为止，中国发展源于其出口导向的加工业。这些工业传统上集中于东部沿海地区。随着全国模式的发展，这些工业逐渐转移到中西部地区。发达的东部地区于是转向吸引服务业中更高附加值的产业，特别是知识经济产业。因此，中国必须建立更加充满活力的知识产权保护（IPR）体系来保护投资者权益。但中国尚未充分展现其内需的能力。新兴的中产阶级将达约 3—4 亿人。随着人均收入的不断增加，内需将拉动经济发展。

两国的经济管理层都需要认清各自政经体系中的不足，从而确保经济进一步发展。

对中国来说，制度建设将是下一个需要面对的挑战。这与法律框架的牢固密切相关。中国需要改善现有法律体系，保护知识产权领域的专利权益，进而吸引急需研发和技术引进方面的投资。同时，需要改善银行和财政结构。影响主要包括：一是在宏观经济管理中采用财政和货币政策等多种手段来提高效率；二是中国拥有充足的资金，但并没有对储蓄在国内工业中进行有效配置。另外，“十一五规划”中（2006—2011 年），中国提出的目标是通过“提升东部、中部和西部地区的良性互动”来发展经济。随着贸易顺差的不断扩大（2007 年达到 GDP 总额的 9%），中国表示将通过扩大内需来平衡增长。作为该决策的一部分，2007 年国务院发表文件，表示将把服务业占 GDP 的份额进一步提高，到 2010 年提高 3%。

对印度来说，主要的挑战在于能否在优势高效的制度、财产权益、市场体系及完善的宏观经济调控方面加大投资。另外，改

---

① 敦登·尼克姆波利拉克：《关于服务业在中国和印度经济发展中地位的比较研究》，泰国发展研究所，2006 年 6 月 19 日刊。同时可参见尼尔维卡·辛格：《印度服务导向的工业化的前景和挑战》，载于工作论文第 290 号，斯坦福大学国际发展斯坦福中心，2006 年 8 月刊，2006 年 11 月更新。

革就业体系，增强其灵活性将极大地促进增长并吸纳大量人口就业，从而最终促进大规模制造业的腾飞。总的来说，印度需要成功实现新一代工业改革，并显著改善农业经济。

中国和印度都需要建立高效独立的管理体系。目前以私营市场为基础的趋势要求针对不同行业制定反垄断措施[①]（参见附录中有关印度和反垄断政策）。到目前为止，由于国有企业和公用经济体占主导地位，大部分工业由国家所有，因此几乎不需要进行规范。另一个公共政策悖论是人力资源发展（HRD）。这对中国发展高附加值工业和印度培训大量潜在的劳动力都是十分必要的。配置教育领域的公共和私人资金受到两国的关注，而对印度更重要。在未来30年里，印度17岁以下年轻人口将达到3.4亿，而中国仅达到2.4亿。这些人口加入就业大军将给世界带来第二次重大冲击。把这种人力优势转变为促进经济可持续发展的动力，印度需要积极推行第二代经济改革。

综上所述，经济发展前景一片光明，但考虑到各自经济结构的特性，两国都面临挑战，还需要探索平衡发展经济之路。

① 近期现象表明两国政府都希望加大在核心公共政策问题上的关注。参见《印度计划对企业并购开始新调查》，路透社，2007年8月刊；《中国通过反垄断法来审查更多的合约》，摘自 www.bloomberg.com，2007年8月30日。

第五章　中国成为加工基地
——东亚地缘经济体系

综述

广为人知的是，对生产领域的外商直接投资有最重要影响之一就是中国成为全球生产价值链中的一环。[①] 但在中国，外商直接投资和贸易相互交织。最近的《2011 世界投资展望》表明：2007—2011 年，中国吸引外商投资总额每年预计将达到 870 亿美元，位列美国和英国之后，排世界第 3 位。2007—2011 年间中国吸引外资占世界份额的 6%，与 2002—2006 年份额持平。[②] 需要特别指出的是，东亚（包括中国）的“垂直型产业内贸易导向的投资”投向了具有劳动力价格低、自由灵活企业大量聚集、运输便捷、拥有港口等基础设施、对进口加工实行优惠政策（如退税）等优点的地区。[③]

今日的“生产分工”体系成为东亚地区经济发展的关键。随

---

① 高利尔·雷梦尼、克森西：《中国崛起和亚洲贸易的重组》，CEPII，工作论文，2006 年 3 月刊；郑文、泰有：《中国上升为生产基地对亚洲的影响》，MAS 成员论文，第 42 号，2005 年 12 月刊；哈代德·蒙娜：《东亚贸易融合—中国的地位和生产网络》，世界银行政策研究工作论文 4160 号，2007 年 3 月 1 日刊。

② 《亚洲三巨人》，载于《经济学家》，2007 年 9 月 6 日刊；《2011 年世界投资展望—外资投资及其政治风险》，经济信息部和国际投资哥伦比亚项目，2007 年刊。

③ 《亚洲贸易和合作的推进器》，载于《2006 年亚洲发展展望》，亚洲发展银行（www. adb. org），第 269—275 页。

着亚洲经济快速发展，中国制造业出口得以快速转型。设于亚洲的公司纷纷向中国转移，从而促进中国与地区经济融合及东亚生产工业重新布局。尽管日本和新兴经济体（NIEs，包括韩国、新加坡和台湾）很大程度上仍是生产创新投入的最重要来源，但中国逐渐成为最主要的终端组装基地。在过去的10年，对中国出口的组装原件数量快速增长，达到印尼的5倍、泰国的15倍、马来西亚的19倍、菲律宾的60倍。[①]

总体来讲，生产的垂直分工，即东亚各国专注于特定生产流程和不同附加值的生产阶段，已然改变了国际经济形态。对中国来说，参与国际生产分工能够获取最新科技，从而提升中国的高科技产品出口。[②] 更重要的是，东亚各国间形成的“高度互补”符合正和游戏规则，这与通常认为的中国经济发展侵占了其它经济体发展机遇的观点恰恰相反。[③]

外商直接投资不可或缺。发达经济体，如日本、韩国、台湾、香港和新加坡的公司通过投资，首先把一些非高科技领域、劳动力密集型产业转移到中国。随着中国在外包生产体系中地位的不断上升，这些经济体逐渐增加在高科技领域的投资。英特尔公司近期决定在中国建设价值25亿美元的亚洲首家硅晶片生产厂，表明中国已成为高科技投资目的地。[④]

同时，中国大陆近四分之三与计算机相关的产品由台湾公司

---

① 蒙娜·哈代德：《东亚贸易融合—中国的地位和生产网络》，世界银行政策研究工作论文4160号，2007年3月1日刊。

② 目前可以确定的是，中国贸易的技术升级很大程度上受制于外国企业的生产和出口网络。当中国的跨国公司逐步壮大后，这种情况可能会有所改变。

③ 普莱姆昌德拉·阿瑟克拉拉：《中国的崛起和东亚出口—需要警惕吗?》，工作论文2007/10号，澳大利亚国家大学，2007年9月版；拉埃德加·萨迦姆苏：《大龙和小龙们—中国对东南亚机械出口的挑战》，政策研究工作论文，第4297号，世界银行东亚和太平洋地区财政和私人分部，2007年8月刊。

④ 《英特尔在中国建设25亿美元硅生产基地》，载于《国际先驱导报》，2007年9月8日刊。

生产，而这些公司本身就从事日本和美国公司的代工生产。[①] 此类外向型的外商直接投资选择中国，部分原因是跨国公司追求高效率，另一部分原因是中国国内劳动力密集的比较优势。这使得中国成为“世界外包的首选”。[②] 仅是来自台湾的公司就涵盖了中国信息科技出口总额的60%。

日本累计在华投资580亿美元，建立了30000多家独资和合资公司。[③] 韩国到2006年底也差不多建立了30000多家公司，在华投资额累计达350亿美元。[④] 新加坡投资额为310亿美元，项目数达到16000个。[⑤] 外商直接投资数据显示，台湾在大陆投资额仅为400亿美元，但许多人认为在过去10年中这一数值累计达到1000亿美元。[⑥] 投资领域不但包括产业链中的下游生产，而且包括中游和上游生产。

另外，经济的结构性依存变得愈发复杂。在这一复杂网络中，日本和新兴经济体提供包括设计等在内的高质量原材料，由他们在中国和其它东亚发展中国家投资的公司生产出零部件。随后运回提供国进一步处理，包括质量控制、组装零部件，再运回发展中国家进行最后的组装。[⑦]

但是，东亚地区的生产分工很大程度上是一种垂直的内部分工。特点是按前后贸易顺序相互联系，并且同一地区的几个经济

---

① 贵家胜宏：《东亚微观区域学和管理》，伦敦、纽约，如特来兹，2004年版。

② 斯蒂芬·C. 洛克：《中国平衡发展的困难》，载于《摩根斯坦利全球经济论坛》，2002年3月刊。

③ 《温总理号召加强中日贸易发展和经济合作》，载于《新华社新闻》，2007年4月12日刊。

④ 《中国总理表示中韩贸易合作成果显著》，载于《人民日报》，2007年4月11日刊。

⑤ 《中国和新加坡条件深化经济合作》，载于《新华社新闻》，2007年7月11日刊。

⑥ 《2011年世界投资展望》，经济信息部，2007年刊。

⑦ 哈代德·蒙娜：《东亚贸易融合—中国的地位和生产网络》，世界银行政策研究工作论文4160号，2007年3月1日刊。

体在同一生产链条中承担不同任务。[①] 但中国大陆已不再仅仅作为零部件的组装基地，而是逐渐上后扩展，把上游生产也包括在内。[②]

G3 经济体（美国、欧盟和日本）作为全球出口的主要目的地，吸收亚洲出口的份额从 20 多年前的 53%降到目前的 43%。亚洲区域内部贸易占整体出口份额的比例从 1985 年的 26%提高到 2005 年的 37%（参见图 5.1 和图 5.2）。

图 5.1　1985 年亚洲出口份额

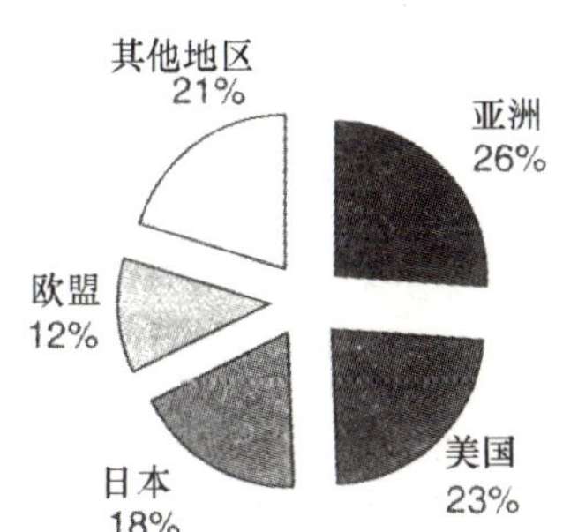

资料来源：《贸易流程统计》，国际货币基金组织，2007 年 1 月刊。

更重要的是，亚洲地区内贸易结构体现了跨国供应链特点，而最终加工成品的目的地在该地区以外。亚洲地区内贸易的 70%是为最终生产服务的中间商品，其中的一半是满足亚洲以外地区的需求。亚洲出口份额的 61%左右在 G3 经济体中消费（并非如图 5.2 所显示的那样，2005 年这一份额占 43%，其中欧盟为

① 安藤根本、木村：《国际生产体系和东亚分工》，NBER 工作汇报 10167 号，国家经济研究署，剑桥，马赛诸塞州，2003 年版。

② 罗德里克·丹尼：《中国出口为何独树一帜?》，NBER 工作论文 11947 号，国家经济研究署，剑桥 MA，2006 年刊。

16%、日本为10%、美国为18%)。①

图 5.2 2005年亚洲出口份额

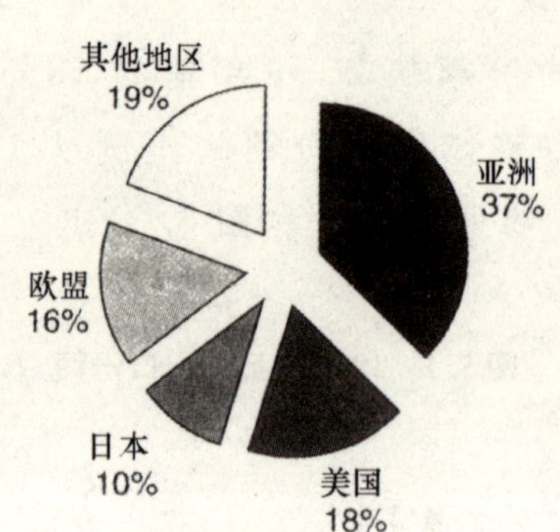

资料来源:《贸易流程统计》,国际货币基金组织,2007年1月刊。

注释:亚洲地区包括中国大陆、香港、印度尼西亚、韩国、马来西亚、菲律宾、新加坡和泰国。

在亚洲国家中,虽然中国带动了该地区的出口,但中国最终进口仅占该地区总量的6.4%,仅为日本的一半,比美国少四分之一。

然而,当把中间商品计算在内,即在该地区加工和组装并最终出口到其它地区的产品,G3经济体仍是亚洲出口商品的最终目的地。这就不难解释为什么G3经济体占到全球年度进口量的55%。总体来讲,全球化胜过地区主义成为当前的主旋律。

更重要的是,中国作为地区主要生产基地,处于经济不断增长的中心。

在80年代,亚洲其他国家在中国出口中所占比例不断提高,G3经济体所占比例却在下降。但是,从90年代开始,G3经济体在中国出口中所占比例开始提高,到2005年超过50%。在亚

① 《东亚和东南亚贸易和结构调整—经济增长和工业化》,载于《2007年亚洲发展展望》,第82—100页。

洲其他国家占中国出口比例减少的同时，90 年代中国从这些国家的进口量却在增长（图 5.3）。

图 5.3　1981—2005 年中国贸易比例

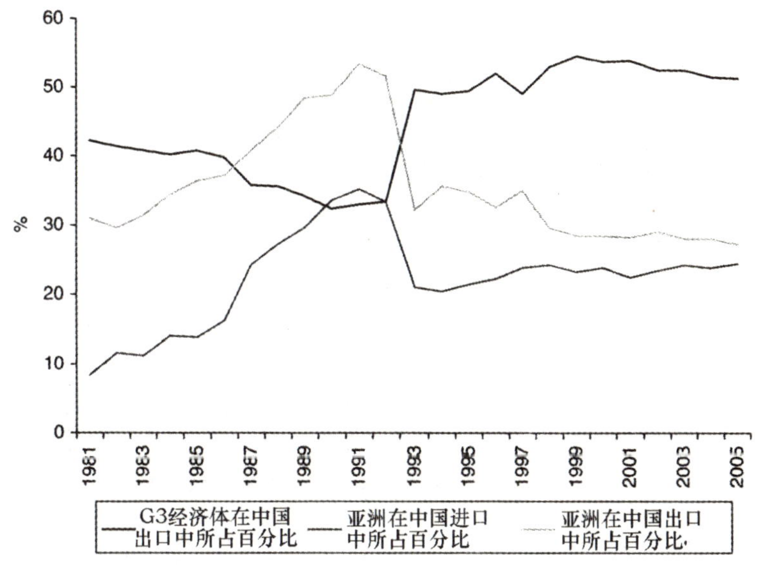

资料来源：《贸易流程统计》，国际货币基金组织，2007 年 1 月刊。

注释：亚洲地区包括中国大陆、香港，印度尼西亚，韩国，马来西亚，菲律宾，新加坡和泰国。

中国对 G3 经济体出口的增长与 90 年代中国从亚洲其他国家进口增长密切相关。中华人民共和国贸易的基本特点是从亚洲其它国家进口中间产品的同时，面向全球的出口不断增长。这一趋势在电力和汽车制造业中表现明显。例如：在 1992 年，中国出口的 15.5%是机械和运输装备。到 2005 年，这一比例提高到 46%。在同一阶段，机械和运输装备占中国除石油外进口总量的比例从 39%增长到 48%。

图 5.4 较好地表明了中国已同东亚、美国和欧盟所建立的相互依存关系。

图 5.4 中国贸易中的相互关系

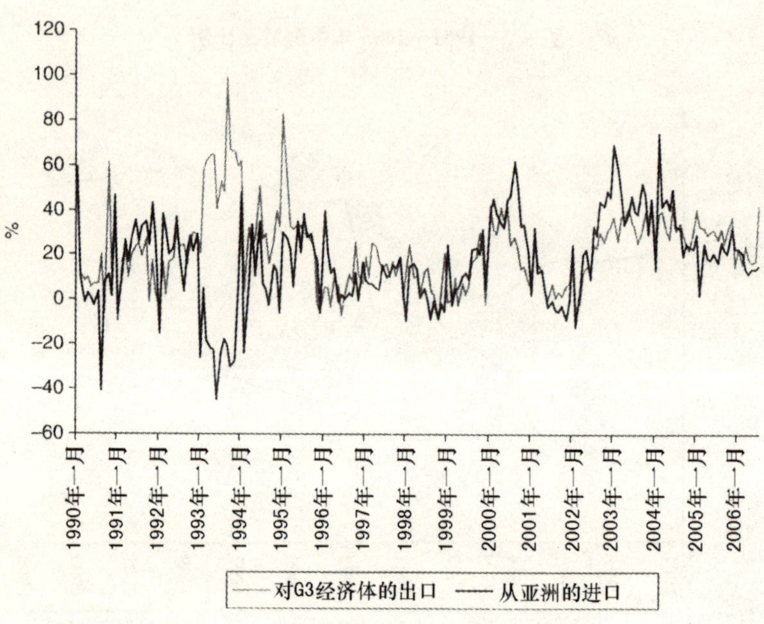

资料来源：《贸易流程统计》，国际货币基金组织，2007 年 1 月刊。

重要的是，尽管发达经济体（日本、韩国、台湾和新加坡）在第三国贸易中所占比例下降，但在中国却表现良好。到 2007 年初，中国取代美国成为日本的第一大贸易伙伴。双边贸易额达到 2070 亿美元（2006 年）。中国同韩国双边贸易额达到 1340 亿美元（2006 年）。中国同新加坡双边贸易额达到 2070 亿美元（2006 年）。

东亚其他地区在中国进口产品的比例从 1992 年的 64%增长到 2004 年 76%，增长部分主要是零部件产品。同一时期，该地区在中国进口零部件产品中所占比例由 30%增长到 78%。事实上，在 1992—2004 年间，零部件产品占中国在地区间产品进口的比例达到 90%（参见图 5.5）。东亚地区在出口上的出色表现证明产业分工绝非零和游戏。从 1985 年开始，整体商业出口增长了13%，而中国的出口却增长了20%（参见5.6）。零部件生产明显主导了东亚地区的生产。

图5.5　各国在中国零部件进口中所占比例

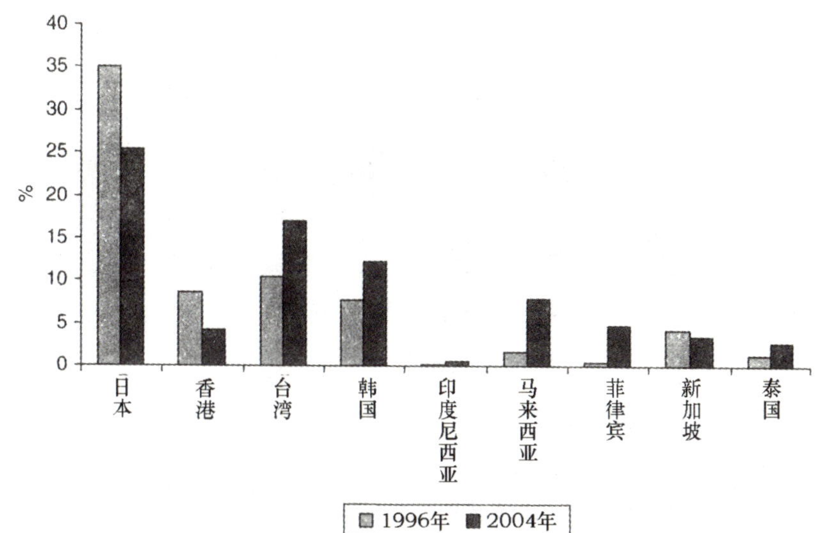

资料来源：阿瑟克拉拉·普莱姆昌德拉：《环太平洋地区多国生产网络和新地缘经济分工》，部门工作论文，澳大利亚国家大学，经济学RSPAS，2006年版。

综上所述，投向亚洲的外商直接投资与由跨国企业建立的地区生产网络密切相关。最近的研究表明，作为全球同一生产网络的参与者，外商对中国直接投资的快速增长已经对亚洲其它经济体产生辐射作用。[①] 在中国开拓亚洲首选生产基地地位的同时，该地区间的跨境投资必受影响。特别是本地区对中国的投资较为显著。2005年东亚（包括日本）投资占到了中国外商直接投资的50%（参见图5.7）。

① 艾陈格林·巴利、佟辉：《中国的外资投资是否损害他国利益》，NBER工作论文11335号，MA，2005年刊。

图 5.6 各国零部件在出口加工品中所占比例

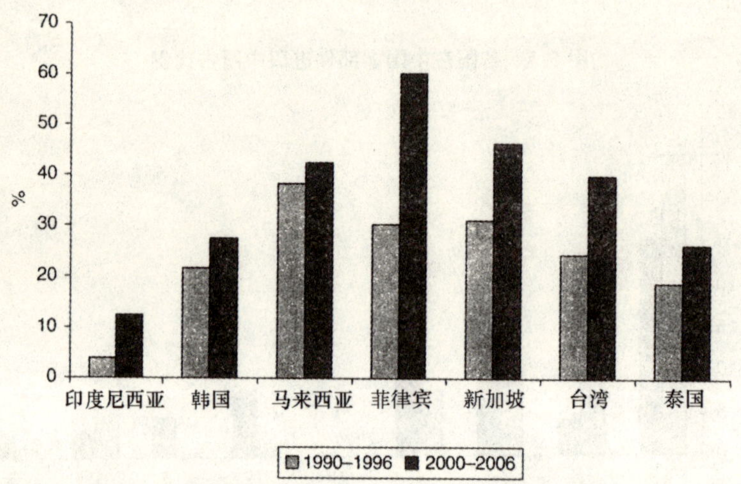

资料来源：《东亚出口变化情况》，亚洲发展展望，2007 年数据更新，ADB。

图 5.7 对中国投资来源情况一览表 单位：十亿美元

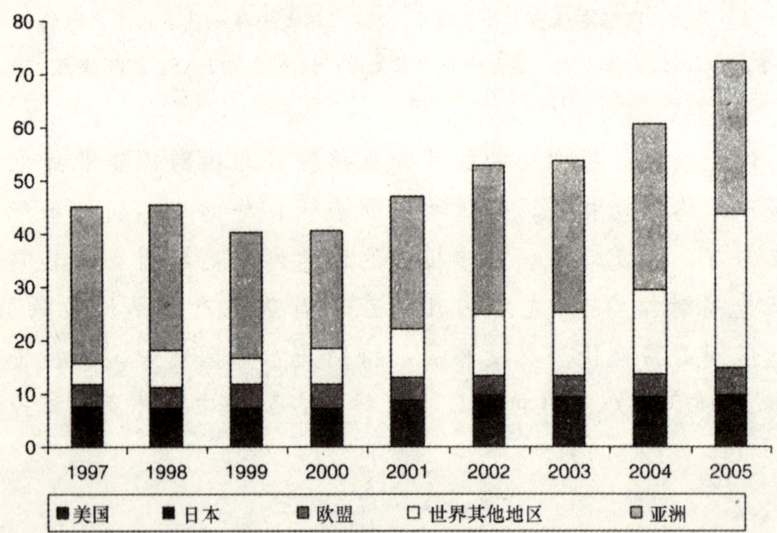

资料来源：《中国统计年报》，各年度数据。

注释：亚洲地区包括中国大陆、香港，印度尼西亚，韩国，马来西亚，菲律宾，新加坡和泰国。

中国的生产能力在增强吗?

很明显，世界经合组织成员仍主导着高科技生产和研发。中国占2002年全球附加值生产的8%左右，排在日本和美国之后、德国之前，居世界第3位（参见图5.8）。如果考虑GDP值大小（2002年中国的GDP总量低于美国、日本和德国），中国完全可以证明其生产能力。

图5.8 2002年主要地区在全球附加值生产中所占百分比

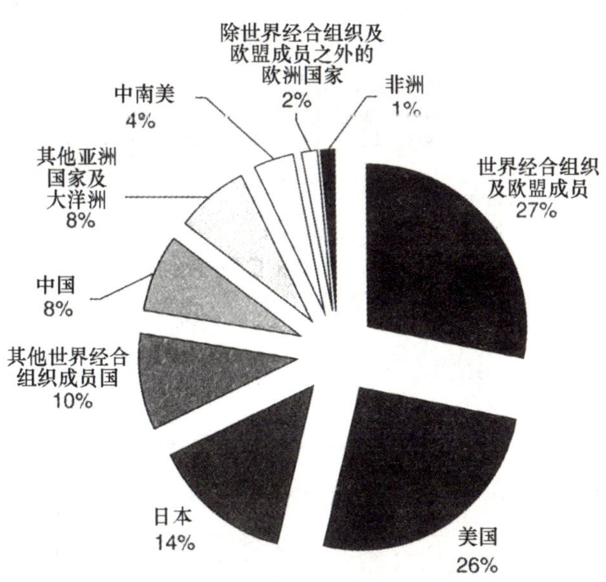

资料来源：《2005年经合组织科学、技术和工业数据》，经济合作组织，2005年刊，第179页。

图5.9清晰表明中国很大程度上依旧从事低端科技的生产。中国在中端和高端科技生产方面的逆差显示出中国生产活动仍主要处于市场价值链的低端。中国整体出口的65%属于中端到高端

技术的加工生产。但是，中国组装生产出口的结构已经得到了优化。中国组装高科技零部件（即半导体和微型处理器）和出口完成品占全部组织生产的50%（约占全部出口份额的35%）。这其中约65%的出口由外资独资企业完成。

图 5.9 2005年各国技术密集型产业对贸易平衡的贡献率

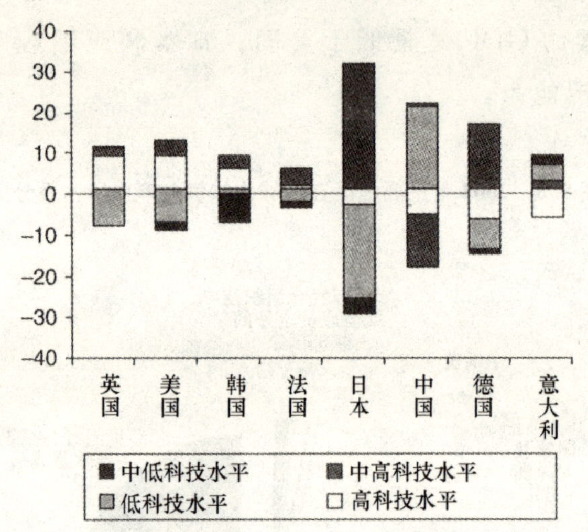

资料来源：《经合组织创新政策回顾》，中国，综合报告，经济合作组织，2007年刊，第10页。

2004年，中国成为世界上最大的信息和通讯科技设备制造商（参见图5.10）。2006年，该项电子产品占到全部生产出口的42%。[①] 中国的成功并不仅仅是充分利用比较优势。通过人均收入水平衡量，其出口额高于实际水平的三倍。[②] 但是需要注意的是，外资企业在中国中高科技出口中占了大部分。

---

① 经济观察：《中国传统悖论》，载于《经济学家》，2008年1月3日刊。

② 罗德里克·丹尼：《中国出口为何独树一帜?》，NBER工作论文11947号，国家经济研究署，剑桥，MA，2006年刊。

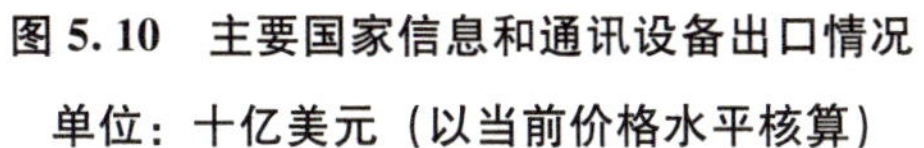
图 5.10　主要国家信息和通讯设备出口情况

单位：十亿美元（以当前价格水平核算）

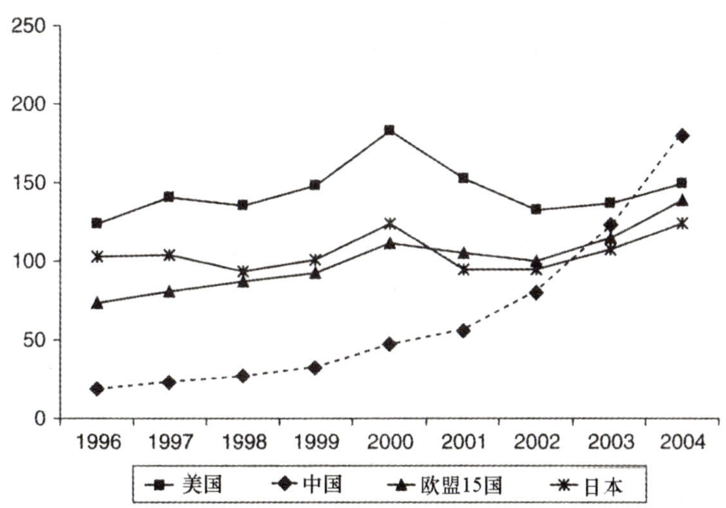

资料来源：《国家贸易统计数据库》，经济合作组织。

本章试图探讨中国与东亚其他经济体深化合作的程度，以及中国已成为美国和欧盟在亚洲的最主要经济合作伙伴的事实。但同时我们应注意在理解这些地缘经济趋势时，不要过分夸大中国的经济能力和工业水平。显而易见的是，中国目前还未拥有自主权，并仍然严重依赖地区性工业国和西方（由美国主导的）跨国企业的巨额投资来维持目前的出口。本章同时强调，通过双边贸易和投资数据来衡量中国贸易的成功和地区外经济体对中国经济的参与程度是毫无意义的。

肖恩·布莱斯林指出："并非像有些人所说，东亚地区经济增长是对美国的挑战。事实上美国经济不可避免地与地区经济体紧密联系……中国作为生产渠道，是地区经济发展的一环。”①

长期来看，在像美国和日本这样的发达国家向中国大陆转移高附加值和高科技生产和研发基地时，目前仍无法确定是否这种非对称型的依存关系可以逐渐演变成中国自主生产能力，或仍停留在中国东部沿海作为跨国企业生产基地的阶段。更主要的影响因素来自于中国政治经济环境和宽广的地缘政治选择，而并非仅仅来自于经济本身。这部分已超出目前研究的范围。

① 肖恩·布莱斯林：《中国和全球政治经济》，纽约，派尔格莱夫·麦凯米兰，2007年版，第129、146页。

第六章　以中国为鉴：印度的战略性经济政策

关于中国经济发展的论著已经不断质疑中国中长期增长的可持续性，甚至推测中国的过度投资或生产力过剩的潜在不利后果。然而，近期的研究显示，投资事实上是中国增长的根本动力，并且成为吸收技术、提高生产力以及结构变化至关重要的渠道。[①] 在 1980—2004 年度，这实际国内投资总额占实际国民生产总值的比例平均达到了 37％（见图 6.1）[②]。制造业、基础设施和房地产业是中国固定资产投资的驱动器[③]，也是这个雄心勃勃工业大国的基石。在 2003—2007 年间，实际固定资产投资的平均增长水平在 21％。[④] 然而，就人均数据来看，中国仍旧落后于工业化世界。2004 年，中国的人均资本实力是 4164 美元，仅是美国（152367 美元）或日本（158352 美元）[⑤] 的一小部分。因此，随着中国成为更富裕的经济体，人均资本收入有望进一步提高。

---

① 詹姆斯·里德尔、金静（音译）、高建（音译）合著：“中国是如何增长的：投资、金融与改革”，新泽西，普林斯顿大学出版社，2007 年。

② 同上书，第 38 页。

③ 史蒂文·巴内特、雷·布鲁克斯合著：“是什么在拉动对中国的投资?”，国际货币基金组织工作报告，2006 年 11 月。

④ 美国国家统计局历史资料，《中国经济季刊》（CEQ）预测。

⑤ 洪亮（音译）：“中国的投资力是可持续的”，高盛公司全球经济报告第 146 号，2006 年 10 月 3 日。

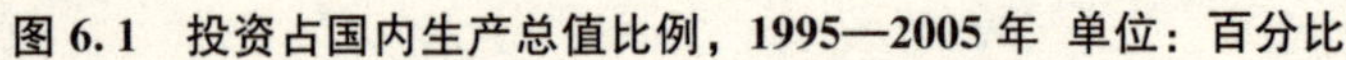
图 6.1　投资占国内生产总值比例，1995—2005 年　单位：百分比

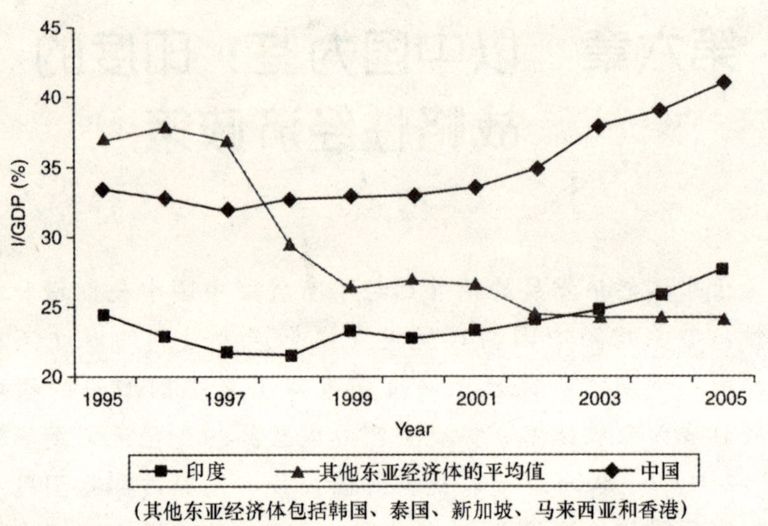

（其他东亚经济体包括韩国、泰国、新加坡、马来西亚和香港）

资料来源：魏尚进："浪费的资本：中国投资太多？"，www.voxeu.org，2007 年 6 月 16 日。

人们通常认为中国的资本回报相对于超过国内生产总值 40％的投资而言较低。与这一观点恰恰相反，最近由 3 位中国经济学家联合发表论文的结论指出：中国的资本回报在 20 世纪 90 年代有所下降，但现在很稳定，维持在大约 20％的高位。这一论据显示，中国的资本回报并不低于世界其他国家。①

另一个衡量投资效率的标准是资本产出增长比率（ICOR），投资需要带来产出的增加，计算方法是年度总投资除以国内生产总值年度增加值。同样的，通常观点是中国的高资本产出率反映了经济效率低下。然而，最近的研究显示，经过调整替代投资数据后，中国资本产出增长比率近年来接近于 3.1，如图 6.2 所示。

---

① 白重恩、谢长泰和钱颖一合著："中国的资本回归"，美国经济研究局工作报告，第 12755 号，剑桥，马萨诸塞州，2006 年 12 月。

中国集中进行基础设施投资也解释了高资本产出增长比率的原因。基础设施会削弱资本投入的短期回报，因为钱被超前消费，回报却要体现在未来很多年，不像制造业投资，回报的周期要快很多。[①]

图 6.2　资本产出增长比率：5 年平均速度

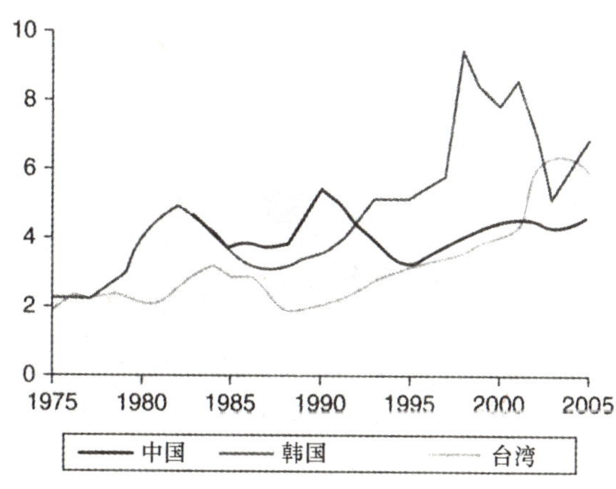

资料来源：亚洲开发银行，高盛公司。

此外，有关高投资率本身的分析也被推翻。高盛经济学家洪亮（音译）最近指出：中国真实的投资率接近 36% 到 40%，与里德尔、安德森等人的发现一致，即投资繁荣与中国的发展阶段相适应，并且是可持续的，尤其考虑到即将到来的金融部门改革。[②]

因此，所谓中国高投资率正在创造成本巨大工业产能的说法

① “中国的投资：点心”，《经济学人》，2006 年 11 月 2 日。

② 洪亮：“中国的投资力是可持续的”，高盛公司全球经济报告第 146 号，2006 年 10 月 3 日；乔纳森·安德森：“破解中国的在平衡之谜”，国际货币基金组织《金融与发展》杂志，2007 年 9 月第 3 期第 44 卷；也可参见路易斯·库吉斯：“中国的投资与储蓄”，世界银行政策研究工作文件，2005 年 6 月。

被夸大了。[①] 相反的，中国正在进行的城市化势头可能进一步刺激对于基础设施、房地产相关部门的投资增长，尤其是电力、水、废物处理系统以及居住财产项目和非交易部门等。下图6.3显示了2006年中国的固定资产投资份额。

图6.3 固定资产投资份额，2006年

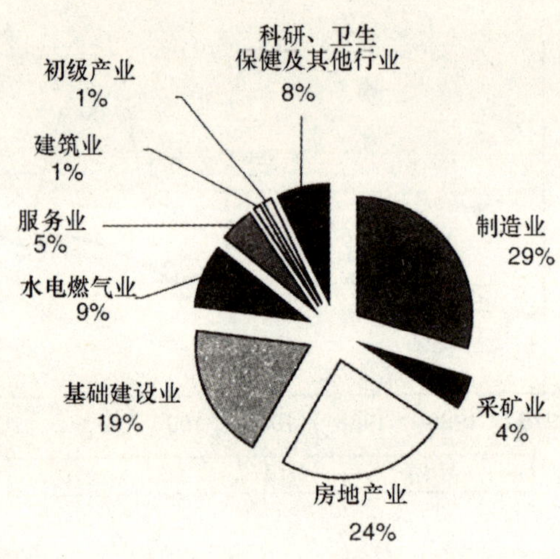

资料来源：洪亮："中国的投资力是可持续的"，高盛公司全球经济报告第146号，2006年10月3日。

一份有关印度和中国的比较研究发现，在从两国随机抽取的涉及制造业的可比较例子中，中国公司平均比印度同行具有更高的整体生产力。首先，主要因素是中国企业对固定资产的平均净投资率更高；其次，中国企业总体生产力增长率更高，因为中国企业的分配效率收益更大。中国的资源再分配从效率较低的工厂

① 根据世界银行的2007年5月的中国季度报告，最近的发展显示中国的工业不存在普遍的产能过剩，利润和利润增长是正面的。实际上，不久前被认定为产能过剩的一些部门包括钢铁在内，在2007年第一季度的利润增长是创纪录的。

流向生产力更高工厂的速度更快。[①] 从机制上说，这也能够解释印度企业的结构性制约（即劳动力的不灵活、融资渠道等）阻碍了资源的有效再分配（即印度工厂不能迅速清算失败的投资）。

在前几章中，我们已经详细阐述了中国出口为导向的经济，以外国直接投资为支撑的出口推动了国内生产总值的增长。在中国的前500强企业中，280家企业即约56%是制造行业，与服务相关的企业不到30%。这些企业大部分属于再加工类型，中国已经成为其他亚洲出口国的一个过渡性的组装“中心”或“渠道”。因此，中国与美国和欧盟的经常账目盈余也反映了与亚洲其他经济体的间接盈余。换言之，美国与中国的贸易赤字，事实上是与东亚的贸易赤字，双边统计没有也无法统计。作为一个巨大的贸易经济体，中国确保了自己在全球经济体中的外部连接，并且通过创造强大的相互依存，充满争议地增加了中国在国际体系中的杠杆。引人注意的是，如此复杂多变的链条也使试图抑制中国所谓“重商主义”政策的努力变得复杂，因为对抗中国的出口保护主义将不可避免地惩罚处于国际劳动力分工体系内部（贸易和投资）链条上的其他亚洲经济体。[②]（见第5章）

此外，随着中国的出口商正在亚洲以及全球渗透新的市场，不同出口市场的相对重要性正在发生变化。例如：在2007年第一季度，中国对美国和日本出口增幅的减缓被对欧盟的出口增长抵消。而在2007年初，中国已经超越美国成为欧盟最大的出口商。

图6.4显示，中国的出口多元化降低了中国对美国经济的依赖，使其能够维持高速的出口增长率。2007年前10个月，亚洲和中东占据中国出口增长的40%以上，北美不到10%。[③] 2006年，欧盟超越美国成为中国的最大进口国。如今，中国在全球出

① 塔耶·孟杰斯泰、徐立新、伯纳德·杨合著：“中国与印度：从微观角度透视宏观经济表现”，世界银行背景资料，2006年5月。

② 此外，美国（从中国）进口的大约58%来自美国在中国境内开办的企业，这进一步降低了美国限制中国出口的积极性。

③ “经济学焦点：一个古老的中国神话”，《经济学人》杂志，2008年1月3日。

口的份额达8%。

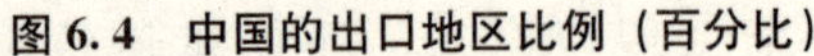

图6.4 中国的出口地区比例（百分比）

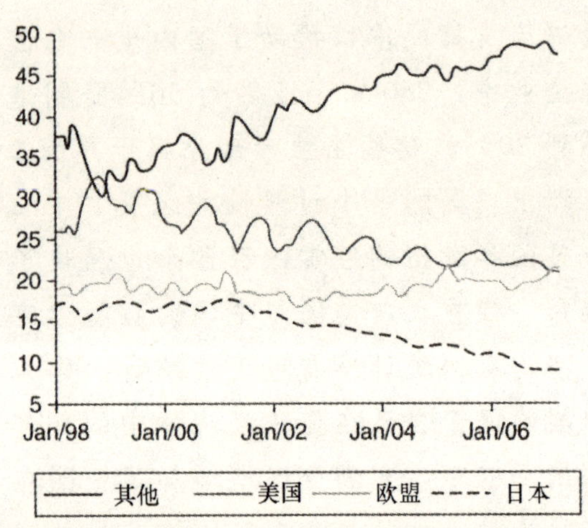

资料来源：世界银行 2007 年 5 月的《中国季度报告》。

与此同时，中国也已成为全球经济的主要驱动力。在 2007 年，中国计划要超越美国对全球国内生产总值增长的贡献（16%）。总而言之，中国已成为支撑全球增长的第二大支柱。（见图 6.5）

如达尼·罗德里克所说，“如果中国欢迎外国公司，他们往往抱着培育国内生产能力的目标。”因此，在中国的特长领域消费电子产业中，“行业领袖企业中外国全资公司很少。大部分的重要企业都是中国国内企业（主要是国有企业）与外国企业合资。一个强大的国内生产基地在消化进口技术和创造国内供应链方面很重要”，因此“政府政策已经帮助培育了在消费电子和其他先进领域的国内生产力。如果没有国外技术他们不可能取得发展。”①

① 达尼·罗德里克，“什么导致中国的出口如此特别?”，美国经济研究局工作报告第 11947 号，国家经济研究局，剑桥，马萨诸塞州，2006 年。

图 6.5　全球市场汇率增长的贡献率（百分比）

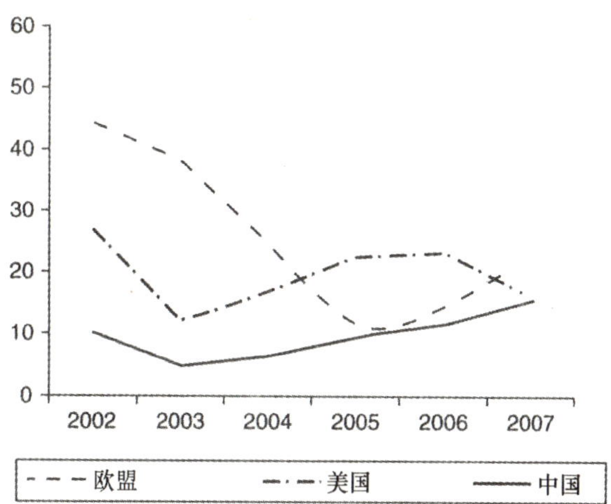

资料来源：世界银行 2007 年 5 月的《中国季度报告》。

最近，中国正在利用日益增长的国内市场来吸引主要来自美国和欧盟的、以“市场为导向”的外国直接投资。例如：在航空领域，北京正在利用其巨大的民用飞机需求[①]，来吸引跨国公司制造商通过向中国输出技术来换取长期的订单。2006 年 10 月，空中客车公司同意与中国合作伙伴在天津开设一个 A320 客机的生产线。巴西飞机制造商巴西航空工业公司已经在中国北部城市哈尔滨生产喷气飞机，第一辆飞机已经在 2007 年送达中国南方航空公司。这种与市场准入相联系的利用外国直接投资的对外战略，与北京雄心勃勃发展本土商用飞机制造业的计划相一致。[②]

① 根据空中客车公司和波音公司的数据，中国有望在 2026 年之后成为仅次于美国的世界第二大商用客机市场，航空公司在未来二十年内有望购买 3400 架客机和货机，价值 3400 亿美元。

② “空中客车称，在中国组装对于销售至关重要”，《金融时报》2007 年 9 月 6 日；“中国希望本土生产的喷气式客机能够挑战空中客车和波音公司”，《国际先驱论坛报》2007 年 9 月 7 日。

2008年，中国成立“中国商业飞机公司”（CACC）以推动创造一个民用航空制造部门。温家宝总理说过：“对国际航空部门发展经验的评估显示，长期而稳定的国家扶持是决定大飞机项目成败的关键因素。”①

之后，中国模式开始追求两个平行的目标：1. 加强与国际经济体系的一体化，主要通过贸易、巨大的比较优势（如劳工、基础设施）来吸引更多的外国投资和技术，进而扩大中国在国际供应链中的份额。这种生产集中型的反向方式意味着供应链正在更加接近世界组装中心——中国。由于更多的生产链条中的熟练环节重新朝大陆转移，说明中国有在生产循环中创造更大附加价值的潜力。2. 在整个集约化的过程中，中国通过抵消对外资的依赖以及经济分权来确保其自主水平，其标志是乡镇企业的成功。同时，国家在多种重工业部门（通过国有企业）进行平行扩张，偶尔也通过私有部门的合资企业。

值得强调的是：中国经济与其他过渡性经济形成对比的一个关键结构性特征是国有和非国有部门的双重扩张。重要的是：中国（类似印度）的改革进程开始于劳动力富裕的广大农村地区（占全部劳动力的80%以上）。② 因此，得益于庞大的剩余劳动力，中国在保留改革之前的资本密集型国有部门的同时，能够建设一个新型、高效的劳动力密集型和出口为导向的轻工业部门。③事实上，正是凭借巨大的剩余劳动力，中国才能够扩张国有部门（1978—1998年每年8%的增长率），并且建设了一个充满活力的劳动密集型的非国有部门。主要代表是乡镇企业，乡镇企业在工

① 穆尔·迪基，“中国揭晓国家飞机制造商”，《金融时报》2008年5月12日。

② 这一数字（农业部门的就业人数）在2003年已经降到了40%。

③ 与俄罗斯和其他独联体国家形成对比的是，这些国家的经济开始向市场化过渡时，大约90%的就业人口集中在国有部门。因此，这些国家没有剩余劳动力可以重新分配到新兴的私有部门。当然，20世纪90年代大规模私有化的所谓“大爆炸”政策产生了严重的政治经济代价，只有到近年来俄罗斯政权复兴之后才得到较大程度地恢复。

业国内生产总值的增长份额从1978年的22%增加到2001年的78%。[①]

这种看似矛盾的国有和非国有部门的同时加强，可以被理解为中国增长的根本特征，但却极少被研究分析，尤其是从经济安全角度。事实上，中国利用国有企业和控制金融部门以推进选择性的产业政策绝不是独一无二的现象。东亚和一些欧洲国家经济体有现成的证据显示，他们也采用国有企业作为其发展战略的一部分。[②]

逐渐地，当从全面的国家安全角度来审视中国经济增长时，北京的政策制定者同样重视中国的经济自主、社会经济和政治稳定，在融入全球经济体系的同时也在推动对国家经济主要部门强有力的国家控制。尽管国有企业在工业生产和全部就业（见图6.6）中的比重有所下降，值得注意的是国有企业仍占所有固定资产投资的35%（虽然该比例已经较20世纪90年代早期的65%有所下降），是他们所占就业人口比重的4倍还强（2004年为8.5%）[③]（见图6.7和图6.8）。此外，最近的研究显示，由国有企业和银行部门导致的中国资源分配中的低效率，已经被更大

① “中国是如何增长的：投资、金融与改革”，2007年，第29页。

② 参见张夏准：“全球化、经济发展及政府的作用”，伦敦，2003年。也可参见张夏准：“踢开梯子：历史角度的发展战略”，伦敦国歌出版集团，2003年——作者以历史的角度说明，即使是当代放任自由主义经济，在其早期发展阶段采取的工业政策令人惊异地与中国、印度和其他新兴国家的模式相似。科克（KoKKo）（2002）就日本如何运用政府干预来提升包括钢铁和造船业在内的44个行业的实力提供了详细的调查研究。参见阿里·科克：“东亚的出口带动型增长：欧洲转型经济体的经验”，斯德哥尔摩经济学院2002年工作文件第142号；最后，参见普仁·罗尚卡尔·吉哈：“通往市场的危险道路—俄罗斯、印度和中国的政治经济改革”，伦敦，普卢托出版公司，2002年。作为对欧亚地区三个重要国家转型经验的罕见的比较性评论，吉哈的结论是，对于经济转型不可能有单一的战略或者特定的时间框架，而政府起着极其重要的作用。

③ “中国是如何增长的：投资、金融与改革”，第40页。同样值得注意的是，国有企业就业的绝对人数仍然高达7000万。

的经济和公司层面的高效收益超越。[①] 中国各种类型企业的股本回报都在增长。国有企业的资产增长由 1998 年的 2%增加到 2005 年的 12.7%，非国有企业则由 7.4%增加到 16%。[②]

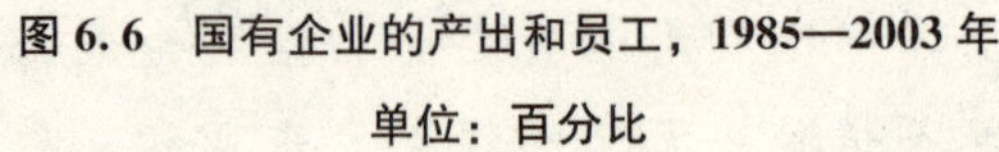
图 6.6　国有企业的产出和员工，1985—2003 年

单位：百分比

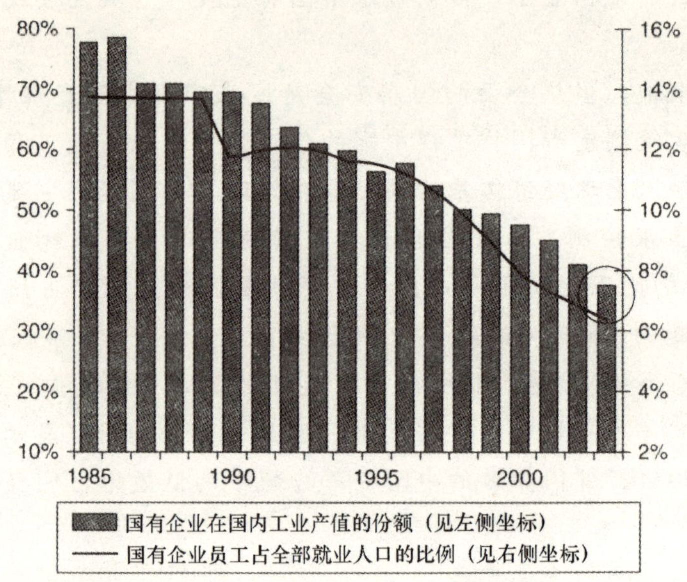

资料来源：詹姆斯·里德尔、金静（音译）和高建（音译）合著："中国如何增长：投资、金融和改革"，新泽西普林斯顿大学出版社，2007 年，第 9 页。

① 洪亮："中国的投资力是可持续的"，高盛集团全球经济报告第 146 号，2006 年 10 月 3 日。

② 世界银行《中国经济季刊》，2006 年 5 月。

图 6.7　按照所有制性质划分的全部投资比例，2005 年

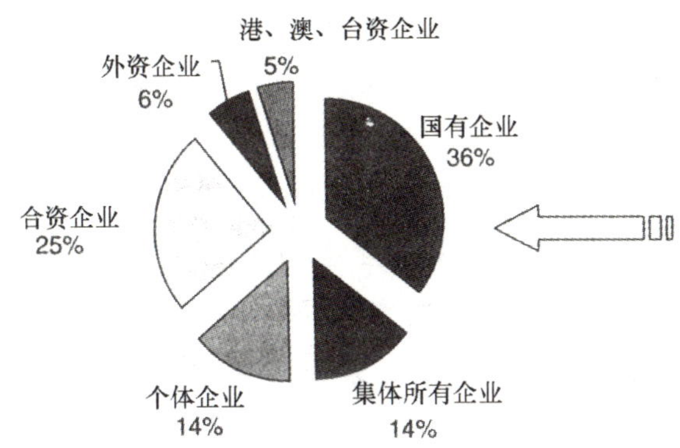

资料来源：2006 年《中国统计年鉴》。

图 6.8　按照所有制性质划分的全部投资比例，

1995—2005 年　单位：百分比

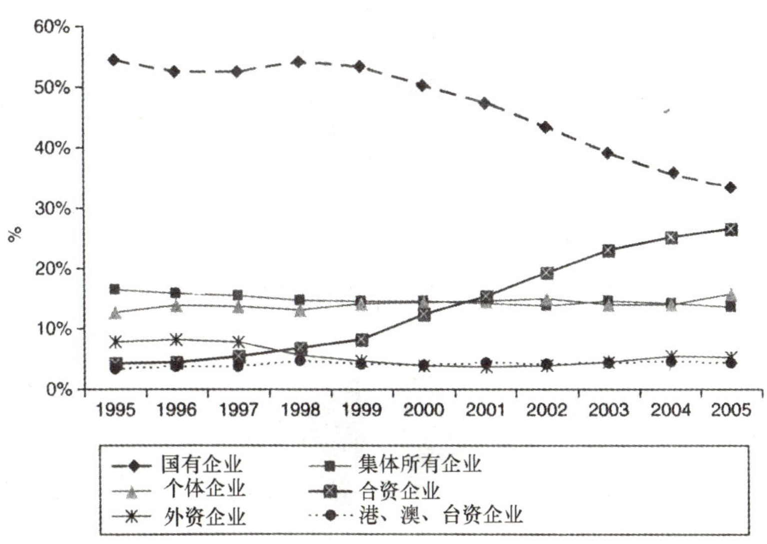

资料来源：2006 年《中国统计年鉴》。

注：除国有企业和集体经济外，其余全是私有企业。

1997年以来，中国加速内部改革，尤其是对国内私营公司的改革。1997年，四大国有银行被允许贷款给私营公司。1999年，国内私营公司第一次被允许可以直接出口。因此，1997年以后，当北京通过对国有企业裁员来提高利润并允许国有银行向私有部门贷款来启动重组过程后，整个国有部门提高了利润。今天，银行贷款的整体分配几乎被国有和非国有部门均分。（见图6.9和图6.10）。结果，国有企业超过50%的投资是通过内部积累和非正式融资。集体所有制乡镇企业在贷款总额中的比例大幅削减显示了自1992年以来经济分权的程度。集体所有制乡镇企业投资的融资比例高达73%是通过内部积累和非正式融资。

图6.9　不同所有制行业的贷款分配，1988—1992年

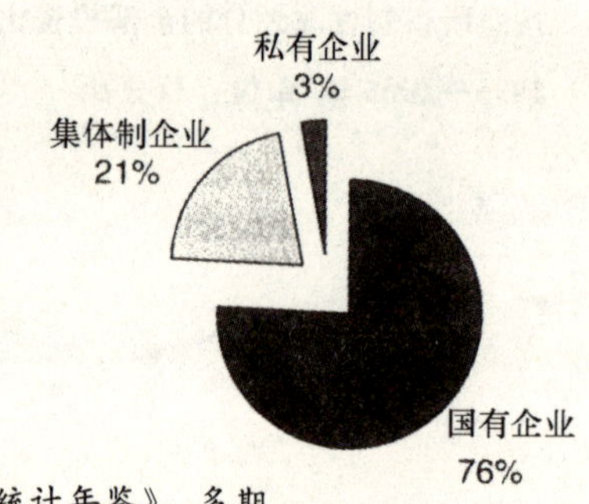

资料来源：《中国统计年鉴》，多期。

图6.10　不同所有制行业的贷款分配，2003年

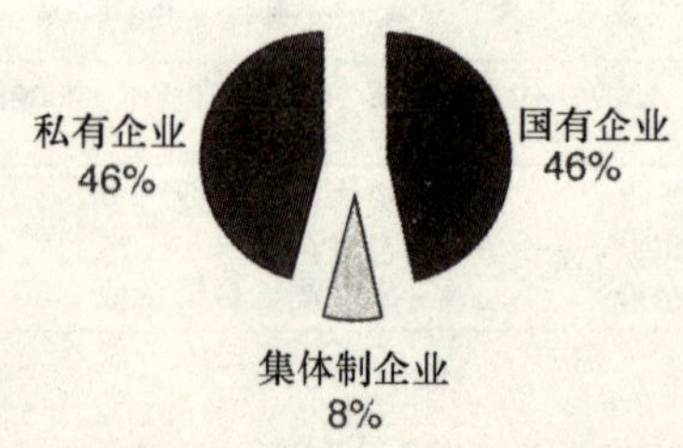

资料来源：《中国统计年鉴》，多期。

很清楚，政府已经把集体所有制乡镇企业的重任转移到了他们自身的绩效，这与20世纪80年代中期以来的中国经济分权的趋势相一致。自20世纪90年代后期起，北京的政策制定者也支持私有部门参与宏观经济的态势。然而，需要再次强调的是，国有部门在这种发展模式中没有被放弃。

正在为全球化做准备的国有企业

尽管中国在20世纪80年代开始国有企业改革，但激烈的改革仅仅发生在1992年初邓小平“南巡”之后。1995年，朱镕基制定了一项国企改革的新路线，叫做“抓大放小”。1997年成为正式的官方战略。“抓大”是指努力培育强大而有竞争力的大企业和企业团体，把它们发展成跨地区、跨行业、多种所有制甚至跨国经营的大公司。“放小”则意味着政府允许中小型国有企业去直接面对市场的力量。①

1997年，中国政府制定了扭转国有企业损失的三年期目标。当控制国有企业损失的目标在2000年底基本上实现时，该项措施却被指责为未取得实质进展，因为国有企业仍面临软性财政限制。此外，“抓大”的概念有意想不到的后果：官员们试图用政治和行政的手段兼并企业以创造大型垄断企业，仅仅为了追求“大”而不顾其他经济和社会后果。因此，大企业的优势如创新能力、效率和竞争力并没有取得当初预期的进步。②

2002年，随着胡锦涛和温家宝领导的新政府上台，国有企业改革的方向进一步调整。2003年3月，中国提出了新的国企改革计划，放弃早期变卖小型国企和辞退工人以提高效率和生产力的策略。根据这一新计划，国有企业的产权将从少数部委转移到新成立的中央国有资产监督管理委员会。国资委设立的主要目的是

① 郑永年、陈敏佳，“中国近期的国有企业改革及其社会意义”，诺丁汉大学中国政策研究院，简报系列第23期，2007年6月。

② 同上。

为了解决“委托代理困境”，即将国有企业的经营权和所有权分离，以便企业能够在经营方面取得更大的自主权（国资委是国务院直接下属的一个特殊行政部门）。进而，随着责任的地方化，投资者权益从许多对企业有行政管理权限的不同部门得到集中。此后，地方国资委也在各省（自治区或直辖市）市级政府建立。到2006年底，地方国资委监管国有企业达1031家。

除了成为投资者，国资委也负责指导国有企业的改革和重组，代表政府、人力资源管理部门在大型国企中组建监事会，通过统计和审计手段监督管理国有资产，完善相关法律法规。管理层职位不再通过行政任命而是公开竞争。因此，从2003年到2006年，78家中央国企的81个高管职位是通过公开征募的，有10家中央企业的20个高管副职是通过内部竞争上岗的。①

目前国资委监管161家中央国企（2003年为196家），控制着经济最有影响力的部门。在2006年12月，国资委特别指定7个“国民经济命脉”部门——军事装备、电力、石油和石化、电信、煤炭、民航和船运，必须由国有公司全部控制或占主导。国资委指出：“在这些领域，国有资产应该扩大数量，优化结构，一些关键企业应当成长为世界领先者。”② 目前，在全部161家中央国企中有超过40家属于此类，其全部资产占所有央企资产的75％、全部利润的79％。③ 2007年，国资委已制定严格目标来引导企业实现更多的自治和提高效率。国资委将根据中央国企的综合指数，包括利润、成本控制力、核心业务利润、研发投入以及价值维护和增长率来对他们进行分类和评级。此外，那些在各自

① “国资委副主任：中国将积极推进国有企业的人事制度改革”，新华社消息，2006年10月25日。

② “国资委：国有经济应当在7个领域保持绝对控制力”，新华社消息，2006年12月19日。

③ 兰新震（音译），“国家寻求控制关键行业”，www.beijingreview.com，2007年1月11日。

行业未能取得领导地位（前三名）的中央国企将由政府强制性重组。[①] 根据国资委计划：到2010年，中央国企的数量总数应该在80—100家，其中30—50家应具备国际竞争力。这一重组和兼并低效率国有企业的决心得到验证，对于那些造成损失的国企的国家补助已经减少了几倍，目前大约在25亿美元（约占全部国企利润的2%）。

根据中国国家统计局的数据：2003—2006年，中央国企的利润增长了151%，总额由400亿美元增加到1000亿美元。其中接近70%是9大公司贡献的。[②] 2006年，中国500强企业的总收入约占国内生产总值的83.5%。在500强榜单中，349家企业或者说70%的企业是国家所有或国家控制。[③] 中国经济的这种双重特征为其提供了一定程度的自主权，并且至少部分使其与美国市场的潜在衰退隔绝，因为当面临出口下降的局面时，中国的宏观经济管理者可以转向利用国内杠杆来增加内部总需求。[④]

此外，目前中国所有类型的企业（国有和私有）的大部分是通过“自我融资”和国内贷款（见图6.11和图6.12）来筹得投资资金，而不是通过引进资本。中国的增长对于国际资本的依赖几乎不存在（事实上，美国经济学家劳伦斯·萨默斯曾指出：“资本从发展中国家向发达国家的大量流动已经成为国际金融体系的主要讽刺。”[⑤]）。中国已经崛起为“全球储蓄过剩”的重要来源，因此也使美国宏观经济过度吸收（经常账户赤字）的状况得

① “国资委为中央国企设定严格目标”，《中国日报》，2007年8月30日。

② “中国央企从2006年利润中上交170亿元”，新华社消息，2007年9月20日。

③ “2007年500强企业占国民生产总值的84%”，《中国日报》，2007年9月1日。

④ 汝拉瓦尔·杜利特·辛格，“安全：印度失去控制力”，《亚洲时报》网络版，2006年12月21日；“美国经济衰退不会抑制中国的增长”，2006年11月26日，www.ResourceInvestor.com。

⑤ 劳伦斯·萨默斯，“主权基金动摇资本主义逻辑”，《金融时报》，2007年7月30日。

以维持。①

图 6.11 固定资产投资的不同资金来源，2005 年

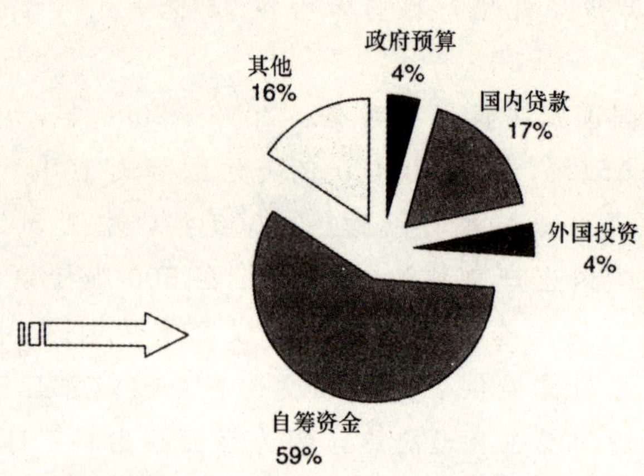

资料来源：2006 年《中国统计年鉴》。

最后，关注一下中国出口过剩问题，中国庞大的外汇储备（见图 6.13）每年增加 35%—40%，在 2008 年 12 月达到 1.9 万亿美元，其中将有 2000 亿美元用来筹建“主权财富基金”（SWF）——中国投资公司，另有 720 亿美元用于新的投资。② 这些都为中国政府在处理对外关系时提供了强大的金融工具，以及在追求地缘经济或政治目标时调动资本的能力。事实上，这一趋势与全球性国家背景的投资模式相一致，将在未来 10 年中成为国际资本市场和外国直接投资流动的重要变量。根据美国投资银

① 这一观点从全球经常账目平衡的趋势得到加强：1996 年，工业化国家拥有经常账目盈余 415 亿美元，而发展中国家经常账目赤字高达 904 亿美元。到 2004 年，地缘经济模式发生逆转。工业化国家的经常账目赤字高达 4000 亿美元（仅美国一国的外债就达 6660 亿美元），而发展中国家（包括中国）拥有经常账目盈余 3274 亿美元。

② “中国从搜集者到猎取者”，《金融时报》，2007 年 8 月 22 日；“中国揭晓投资外汇储备基金”，《金融时报》，2007 年 9 月 29 日。

行摩根斯坦利的统计："主权财富基金"的资产估值为2.5万亿美元，远远大于全球对冲基金管理的资产。"主权财富基金"有望在2010年达到5万亿美元。[①]

图6.12　固定资产投资的不同资金来源，

1981—2004年 单位：百分比

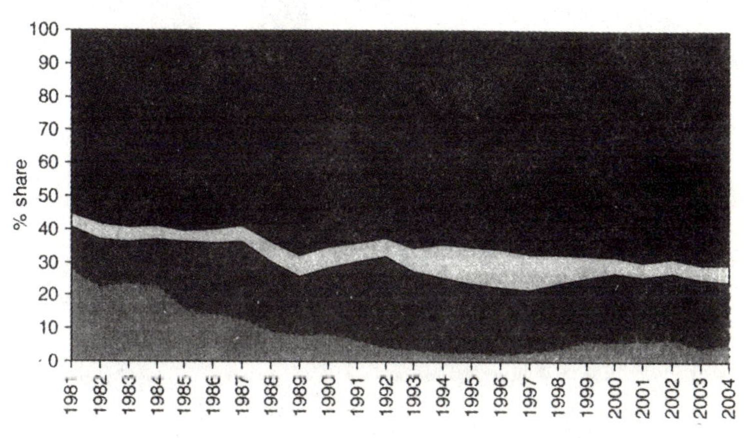

■政府财政支付转移　■国内贷款　□外国投资　■自筹资金及其他

资料来源：2005年《中国统计年鉴》。

---

① 史蒂芬·简，"主权财富到2015年将变成多大?"，摩根斯坦利的经济研究报告，2007年5月3日；史蒂芬·简，"主权财富基金和官方外汇储备"，摩根斯坦利的经济研究报告，2006年9月14日。

图 6.13 中国的外汇储备

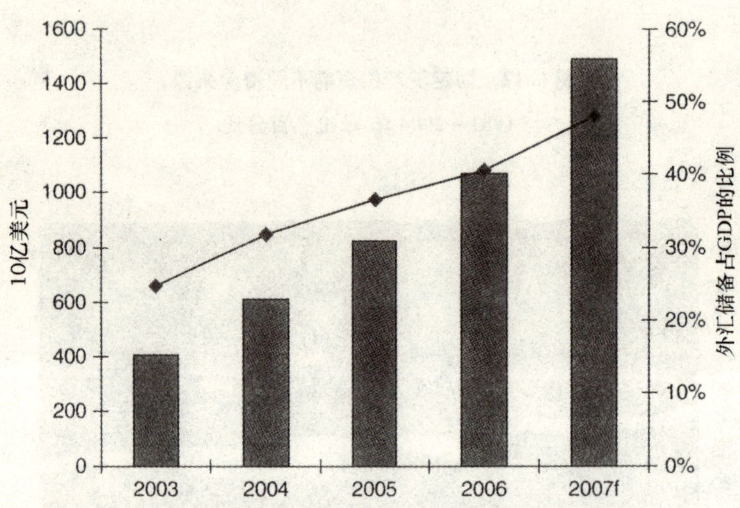

资料来源：《中国经济季报》2007 年第二季度。

中国日益攀升的贸易盈余和“结构性重组”

“自我融资”型投资主要来源于中国企业自 2001 年以来日益增长的盈利能力（见图 6.14）。这里值得注意的是，前沿行业的增长正在带动全行业利润的增长，尽管利润率本身基本上保持稳定（销售收入的 5%—6%）。考虑到原材料和名义工资成本上涨的因素，中国利润率的可持续性得益于技术效率和劳动生产力（每位工人的附加价值）的提高。自 2003 年以来，利用实际中间投入的技术效率取得了实质性提高。据估计：2002—2006 年间，大部分核心制造业的单位实际产出中的平均投入数量下降了 1.5 个百分点。与此类似，在全部制造产业，名义工资成本每年增长 14%，名义劳动生产力每年增长高达 21.3％。[①] 工业销售占国内生产总值的比例从 2002 年的 90％增加到 2005 年的 140％。此外，这种工业扩张主要集中在重工业领域——原材料（钢铁、水泥、铝）、机械和化工行业。[②] 目前，重工业的扩张普遍存在贸易盈余。

图 6.14　公司利润推动中国增长

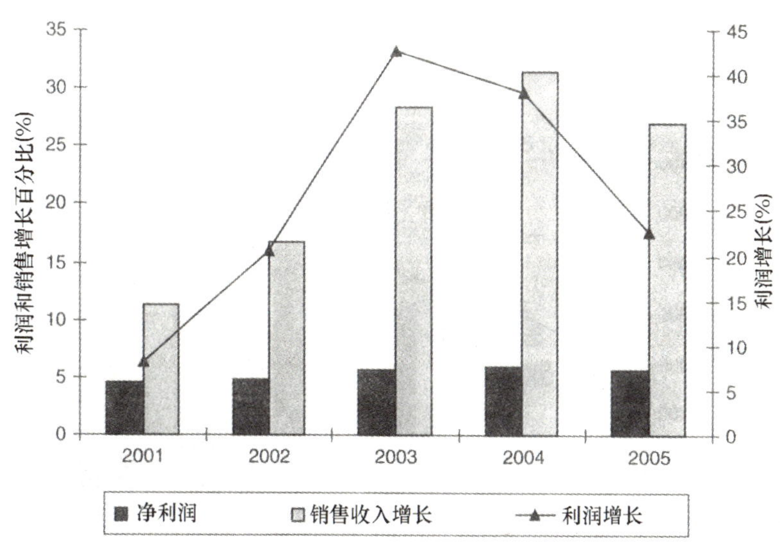

资料来源：伯特·霍夫曼和路易斯·库吉斯合著："利润驱动中国繁荣"，《远东经济评论》2006 年第 10 期。

一直到 2004 年，中国的贸易收支稳定在国内生产总值的 1.7％（见图 6.15）。此后有一个迅速的飞跃，2005 年为国内生产总值的 4.5％，2006 年为 6.8％，2007 年预计为 9％—10％

① 路易斯·库吉斯和金颂一（音译）合著："中国工业的原材料价格、工资和利润：在投资成本价格和工资上升如此迅速的情况下如何保持收益率?"，世界银行中国研究报告第 8 号，2007 年 10 月。

② 乔纳森·安德森，"破解中国的再平衡之谜"，国际货币基金组织《金融与发展》杂志，2007 年 9 月第三期第 44 卷。

（见图6.16和图6.17）。2004年以后中国贸易盈余的急剧扩大有两个因素可以解释：第一，重工业部门的出口扩大，主要是“商品原料”如钢铁、水泥和铝。为此，中国的重机械工业已经升级了内部产能。因此，重工业的贸易收支从2003年的亏损390亿美元转变为2007年上半年的盈余97亿美元。第二，原先一些进口零部件国产化的比例有所增加，例如跨国公司的生产网络已经将厂址放在中国大陆。实际上，外国直接投资的增长率由2003年的1.4％增加到2004年的13.3％，再增加到2005年的19.5％。所有这些因素的结合，或许可以解释2004年以后出口和进口增长的差距，尽管两者在2004年以后增速都有所放缓。

图6.15　对贸易平衡变化的贡献，单位：10亿美元

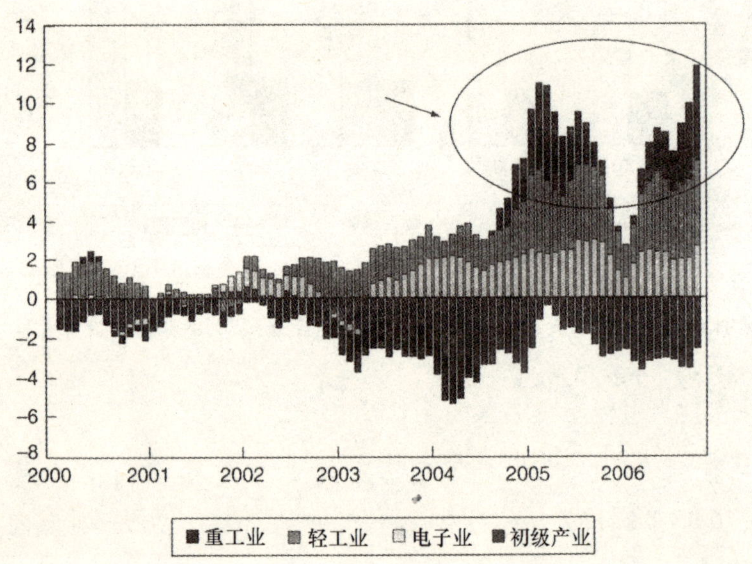

资料来源：乔纳森·安德森：“解开中国的再平衡之谜”，国际货币基金组织《金融与发展》第44期，第3号，2007年9月。

图 6.16　迅速增长的贸易盈余

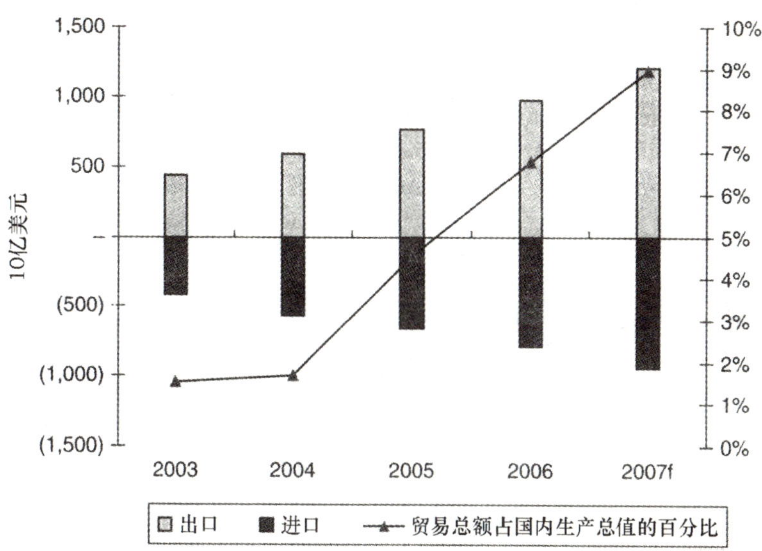

（f=预测）

资料来源：《中国经济季报》2007 年第二季度。

一些经济学家指出，伴随着进口产品本国替代生产所出现的中国贸易盈余的迅速增长，代表了东亚地区的供应链正在向中国转移，并且正在排挤其他地区经济。[①] 然而，这种推论目前并不公正。

首先，这一说法未能抓住垂直集成价值链的复杂性，跨国投资流动对于东亚经济体之间的地缘经济联系同样至关重要（见第 5 章）。追求效益（和市场准入）的东亚经济体正在重新把一些零部件产品生产部署在中国大陆日益扩张的附加值生产基地，于是减缓了对中国的出口，但是更重要的是，也出口了更多精细的产

① 安迪·穆克吉，"亚洲将因'中国制造'的到来而失败"，www.bloomberg.com，2007 年 9 月 18 日；崔丽（音译），"中国日益增加的外部依赖"，国际货币基金组织《金融与发展》杂志，2007 年 9 月第三号第 44 卷。

品部件。与此同时，中国正在勃兴为相对低价值的机械部件来源地。这些东南亚经济体进口的部件经过深加工，经常重新运到中国大陆进行最后的组装。总体来说，中国扩大制造业基地对于东亚产品共享网络有着积极的意义。[①]

图 6.17 中国正在脱离东亚劳动力分工吗?

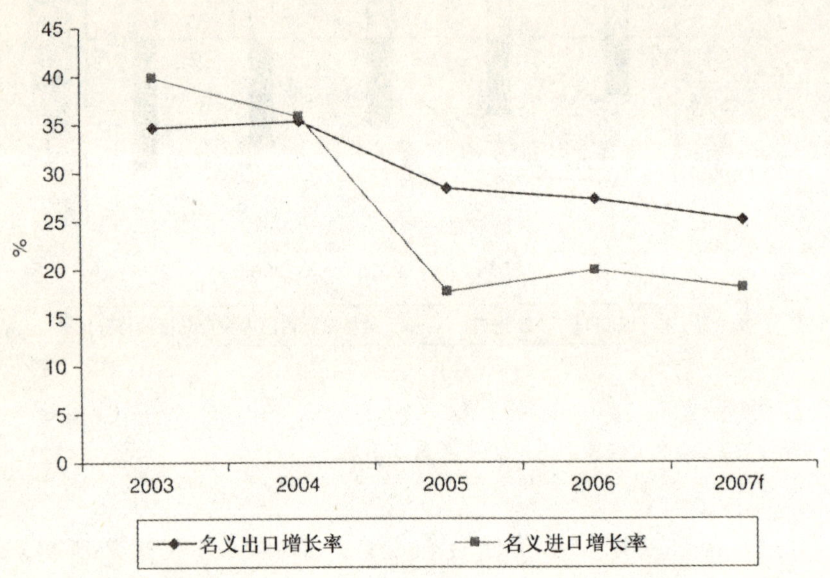

(f=预测)

资料来源：《中国经济季报》2007 年第二季度。

重要的是，外资企业仍然占据中国电子加工出口业的大部

① 例如，台湾的低端制造业已经大规模地返迁到中国大陆。近期世界银行的报告显示，中国在世界机械出口市场的份额不断增加的同时，没有证据说明中国挤压了东南亚机械出口的市场份额。相反的，东南亚国家制造的配件在中国的单位价格和获取的市场份额正在不断增加。参见萨穆苏·拉哈德加："大龙和小龙们：中国对东南亚国家机械出口的挑战"，世界银行东亚和太平洋地区金融和私有部门小组政策研究工作报告 4297 号，2007 年 8 月；也可参见安藤光代（一桥大学）和木村福成（庆应义塾大学）合著："东亚的破碎化：进一步证据"，一桥大学，东京，2007 年 1 月。

分。在2007年的1—8月，外资企业占中国整体电子信息产品出口的67%。[①] 此外，同一时期中国电子信息制造业的价值增加大约在22%，这意味着中国仍然非常依赖进口部件。因此，贸易统计本身并不能解释相互依存的模式。[②]

第二，中国自2004年以来不断扩大贸易盈余的驱动力也来自某些重工业领域的扩张，这些领域与来料加工出口关系不大，而是与导致贸易盈余不断循环上升的生产力过剩有关。

“结构再平衡”

维持外部驱动增长模式的整体宏观经济需求从北京的汇率政策和不愿人民币浮动的举动可以得到证明。通过资本管制，国内储蓄被截留用于国内发展，同时保持竞争性的汇率以支持中国经济的出口导向。然而，过去3年里迅速增加的经常性账户盈余现在预计超过2007年国内生产总值的10%，重新改写了北京的规划。[③] 根据第十一个“五年计划”（2006—2011年），北京已经提出通过专注国内需求重新平衡增长。一定程度上，汇率后来成为导致中国经济中“支付转移”的有用工具。[④]

然而，这种调整的步伐将依赖中国金融部门改革的成功，因为北京的政策制定者在金融体制能够发挥熟练中介作用之前不可能允许人民币汇率浮动。实际上，人民币对美元的汇率已经升值，2005年升值2%。此外，2007年预期升值6%（亚洲开发银行预测），2008年升值3.8%意味着人民币的真实升值。

① “中国的电子信息产品出口增长了26.2%”，《中国日报》，2007年10月2日。

② 与中美双边贸易的统计夸大了中国的出口能力相类似。

③ 中国在2000—2003年的贸易盈余大约在2%，2004年为3%。

④ “转变”是指实际汇率升值的后果，这将降低外国产品与国内产品的相对价格，使后者的竞争力降低。这也将影响国内资源在贸易和非贸易部门之间的分配——国内消费者将消费更多相对便宜的进口产品，而国内生产商将朝着更加有利可图的非贸易领域进行资源分配。

目前，鉴于中国公司将价格上升传导给世界市场的努力很成功，出口减少的冲击还很有限。[①] 为了寻找控制出口更有效的方法，北京已经开始征收选择性关税并减少了出口退税补贴。[②] 在财政措施方面，北京已经增加了在教育、医疗和社会安全方面的支出比例，达到国家预算的27%。这将减少农村家庭进行“预先储蓄”的动力，从而刺激私人消费。目前，就国有企业而言，经济学家指出北京可能加速提取支付红利以减少收入留成，放缓投资（恢复“自我融资”已经成为主要投资来源）。最终，中国能够通过增加面临周期性生产力过剩部门的资本成本来打消进一步的投资。

综合来说，人们可以无可争议地说，鉴于中国融入经济全球化的程度，中国能够既保持动态增长，又确保经济安全在一个合理程度，这是非常引人注目的。[③] 中国强大的内外部宏观经济平衡显示出与印度的不同之处，它掌握着在全球出现衰退时激发国内需求的财政力，这一能力在2001年的亚洲金融危机和应对全球经济衰退时已经显示出来。中国出口组合的多元化以及近年来在开发国外新市场方面的成功，意味着它正在以自己的方式崛起，成为全球经济增长的驱动力。此外，中国改革战略的根本要素与成功的东亚国家相一致，即重视教育、高储蓄和出口导向。

经过25年的改革，北京的重点由原先专注于调动待就业资源和纠正结构性瓶颈转向资本分配的效率最大化，金融系统和银

---

① 乔纳森·安德森：“中国将加速人民币升值”，《远东经济评论》，2007年7/8月刊。

② 从2007年6月起，142类产品将实施新的出口关税，2831项产品的出口税优惠将于2007年7月减少或废除。

③ 北京保护能源安全的方法例证了这一观点：直到1993年，在经济改革的半途中，中国是碳氢化合物的净出口者。而且，尽管之后开始争夺海外碳氢化合物，中国仍然能够保持全部能源的90%的来自国内资源。

行部门扮演了关键性角色。[①]

印度的政策教训

鉴于印度也在寻求扩大和深化与全球经济体系的融合，其北部邻邦的经验也许太相似而被忽视了。新德里利用外国直接投资和贸易实现更广泛的增长机会，同时确保全球化的消极因素，尤其是那些可能冲击新德里外交政策自主权的事情被调和。它需要仔细地衡量特定政策带来的成本效益，并评估其自由化进程。

服务业占优势的增长结构的局限性已经被认识到。由于信息技术产业相关出口（例如IT/ITES）仅占服务业产值的6%，高速增长需要维持商品和服务账户的不平衡。[②] 此外，鉴于低工资国家之间有竞争力的资源外包中心出现（尤其是越南和菲律宾）以及印度地方供应方的瓶颈，如此高的出口增长战略可持续性难以捉摸。因此，印度必须寻求出口基地的多元化。

据联合国统计：从2005—2025年，印度的劳动人口将增加大约2.73亿，国家的全部人口将增加3.13亿。事实上，国家计划委员会已经注意到印度到2020年需要增加2亿个工作岗位。[③] 短期来说，包括4500万农村青年在内的7100万印度年轻人将在2010年达到就业年龄。因此，考虑到今后40年内每年将有平均1300万人进入印度劳动力市场，经济学家已经就过去15年失业

---

① 詹姆斯·里德尔、金静（音译）、高建（音译）合著：“中国如何增长：投资、金融和改革”，新泽西，普林斯顿大学出版社，2007年，第4页。注：近来，北京开始集中精力于“和谐发展”，反映了协调区域不平衡的迫切性和应对中国工业化带来的环境恶果的坚定决心。这一趋势也在最近管理城市化的政策中得以证实，其信号是政府号召建设“新社会主义农村”，似乎意味着未来一段时间城市化进程将有意放缓。

② T.S.帕伯拉：“印度经济的新兴结构：跨部门不平衡增长的意义”，安得拉大学，第27—29节，2005年。第88届印度经济协会大会上的总统演讲。（IT行业在2007财年的总收入预计为500亿美元）。

③ 劳动力人口（即15—64岁）将从2005年的6.73亿增加到2020年的8.72亿。

人口的增长表示忧虑。[①]

总而言之，在印度经济社会背景下，以技术为基础的发展只为全面就业增长提供了很小的前景。根据印度领先的IT行业政策平台国家软件和服务公司的统计，印度的信息技术和业务流程外包部门到2010年仅有880万个工作岗位（主要是受到良好教育的城市人群）。剩下的88%，换言之6200万个就业岗位只有靠制造业的扩张来创造。

印度增长最缓慢的城邦也是人口最多的城邦，这一事实凸显了发展面临的挑战。印度北部的比马鲁四邦（BIMARU），即比哈尔邦、中央邦、拉贾斯坦邦和北方邦，占印度人口的比例将从2001年的41%增加到2051年的48%。1992—2002年，比马鲁四邦的国内生产总值平均增幅是4.5%。而印度60%的人口增加来自于这四个城邦。

这样的社会经济结构意味着低技术含量、劳动密集型制造业在整体产出的比例将增加，而目前来自供应方巨大限制的技术密集型产业需要更加多元化，[②] 这是解决印度巨大的劳动力过剩问题的唯一可行路径。

最后，制造业主导的工业化进程和强大的军工企业发展之间的联系，意味着“超越”当前经济发展的重要阶段将阻碍印度自主发展和长期吸收高端军事技术的能力。可以肯定的是，尽管印度对于引进外国军事技术的依赖程度仍很高（超过70%），印度的战略飞地——印度国际研究与发展组织、印度空间研究组织、印度原子能部已经设法在缺乏广泛国内产业支撑的背景下建立一个适度的军工混合体。因此，现行的政策不可能在中长期维持下去。概括来说，印度无法在这个关键的领域进行重复劳动。

① “印度的发展模式：已经发生了什么，接下来将会发生什么?”国际货币基金组织工作报告，2006年1月。

② “调查显示：印度公司面临技术人力短缺”，《印度斯坦时报》，2007年7月8日；艾米·李：“薪资上涨冲击印度IT行业利润”，《金融时报》，2007年9月12日。

“我们希望在基础设施方面模仿中国。”——印度财政部长，2007年2月。

中国基础设施的发展与外国直接投资推动的出口战略紧密相连。这是印度必须模仿的，因为印度要实现增加出口和提供基础设施的双重目标。如果无法成功解决后者的挑战，前者就很难起飞。诚然，印度已经在2005年通过立法设立特别经济区。然而，如T.N.斯里尼瓦桑所言，中国特区的一些核心特征，如允许外资拥有100%的所有权、公司可自由雇佣和解雇员工、提供强大的交通和通信基础设施等，这在印度特区是没有的。一些行业仍存在外国直接投资的上限。劳动法中严厉的免责条款被严格赋予各城邦。[①] 因此，印度在外国直接投资整体增长的同时，制造业的外国直接投资实际上在减少。2006年为15亿美元，而2005年是18亿美元。其反映的事实是，制造业的外国直接投资环境并不具有吸引力。[②] 图6.18描绘了印度未来五年在基础设施方面投入的比例。

根据新德里最近出台的能源综合报告，印度经济要保持目前的增长率，需将发电量由现在的13.1万千瓦提高到2020年的90万千瓦。[③] 加利福尼亚大学的维卡·辛格在最近的一份关于投入产出结构分析报告中，根据行业效率改进对于国内生产总值增长的推动情况，划分了印度经济中的十大领先部门。这些部门包括电力、水气供应、交通服务、铁路运输服务、煤炭和褐煤等等。他发现同1991年的改革之前一样，印度的增长率至少与这些部门有一定的敏感度。[④] 这再次印证了本书第四章的一个观点，与

① T.N.斯里尼瓦桑，“中国、印度与世界经济”，世界银行工作报告第286期，2006年7月。

② “亚洲三巨人”，《经济学人》，2007年9月6日。

③ 普拉米特·帕尔·查德胡里：“印度碳水化合物的未来”，《远东经济评论》，2007年9月。

④ 尼尔维卡·辛格：“需要振兴的10个部门”，《金融快报》，2006年12月12日。

中国在改革之初削减其效率不高的国营部门并在其东部沿海地区建设新的免税贸易区不同，印度的“整合”结构意味着国内生产总值中充满活力的私有部门与国家主导的、缺乏投资的基础设施部门有内在联系。

图 6.18 未来五年印度在基础设施方面的预期投资比例

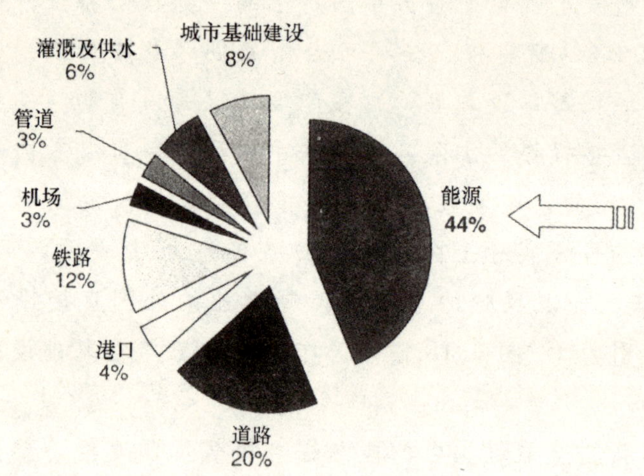

资料来源：政策选择研究中心，新德里。

印度比其他“金砖四国”有更高的生产力利用系数，但供应方的限制已经明显威胁到其宏观经济的增长，这意味着过度的压力。（见图 6.19）

图 6.19 清楚地显示，印度正在接近其生产力高峰，要冲破体制瓶颈需要快速投资。事实上，印度央行 2007 年度报告清楚地指出：可持续增长需要国家和私人两个领域对基础设施的投入，所占国内生产总值的比重需从目前的 4.6%增加到接近 8%。[①] 必须再次强调的是：中国在建立供应方能力方面的投资程

① “印度央行称：基础设施投入更多，农田产出需要持续增长”，www.forbes.com，2007 年 8 月 30 日。

度已经成为其过去 20 年没有通货膨胀的持续增长的主要原因。在中国的案例中，过去 10 年劳动力市场灵活性的改善已经抑制了工资的上涨。

图 6.19　“金砖四国”的产能利用率，2005—2007 年每季度

单位：百分比

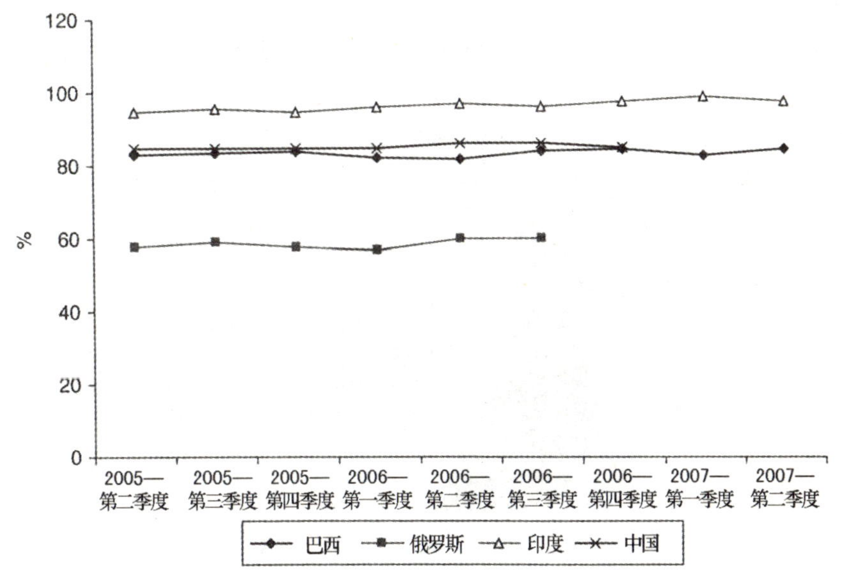

资料来源：《主要经济指标》，经济合作与发展组织，2007 年 8 月。

首先，很明显，鉴于目前的财政负担，政府没有掌握解决国家基础设施赤字所需要的足够盈余。公私合作是一种选择，它已经显示出复杂的后果，主要是因为基础设施行业的资本回报不同。也许，中央和地方政府采取的“出口激励”措施有助于在基础设施扩张时，调动资源朝绿色领域流动，但这将会受到通常“免费搭便车”问题的困扰。实际上，目前的经济特区政策似乎在寻找解决方案。

基础设施——破坏者

印度在未来5年需要12.7万亿卢比（约合3170亿美元，按1美元折40卢比）。印度央行最近指出，公私部门每年在基础设施上的投入需要从目前占国内生产总值的4.6%提高到约8%。（见图6.20和表6.1）

图6.20 金融崩溃：私人投资—主要因素

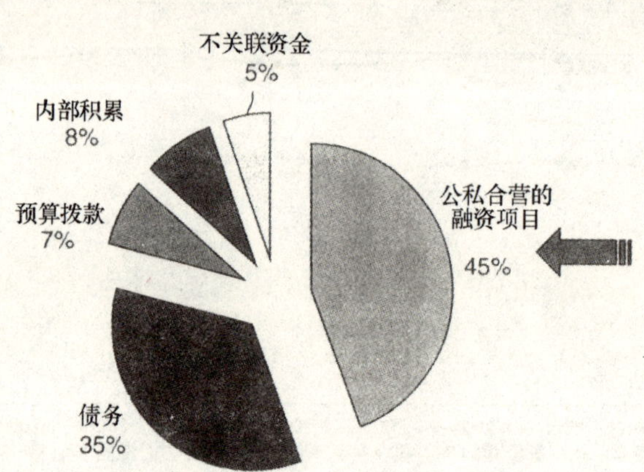

资料来源：政策选择研究中心，新德里。

与中国相似的是，印度重视出口部门的外国直接投资，最初是寻求吸引在中国逐渐丧失竞争力的劳动密集型行业或下游部门（中国的资源正在朝制造业价值链的上游流动）。此外，与中国的情形一样，外国直接投资在东部沿海地区有创造“相匹配”基础设施的冲动，印度通过采取合适的刺激政策能够达到中国同样的双重政策目标。

表 6.1 按部门划分的基础设施开支

负债表										
10亿卢比	预算拨款	多边借款	市场融资	内部积累	小计	私有化/BOT模式	不关联资金	总计	建设构成	
									%	10亿卢比
能源	265	270	2353	384	3271	2245	—	5516	43	2349
道路	228	186	123	—	537	1857	80	2474	100	2474
港口	38	75	50	50	213	345	—	558	60	335
铁路	75	50	120	350	595	300	600	1495	42	628
机场	10	25	25	25	85	300	15	400	42	168
管道	—	—	250	150	400	—	—	400	40	160
灌溉及供水	226	206	321	8	761	25	—	786	45	354
城市基础建设	97	295	58	60	510	521	—	1031	60	619
总计	938	1107	3301	1027	6373	5593	695	12660	56	7086

资料来源：政策选择研究中心，新德里。

与中国形成对比的是，印度的经济相对“封闭”，增长的主要动力来自国内（消费）。基础设施不足导致供应方瓶颈持续抑制制造业和出口潜力。这里的“基础设施”还包括经济基础设施服务，如教育和医疗，如果印度打算利用其所谓的“人口红利”，它们是至关重要的生命线。中国在确保教育机会方面的成功已经成为实现劳动力从农业分离以及生产力持续增长的重要因素（见图 6.21）。在前一章中，我们提到印度扭曲的教育政策对于大量中低阶层没有吸引力。[①] 除非这一问题得到全面的解决，同时伴随着私有部门的参与，否则印度将会发现要实现从农业到工业社会的转变将存在结构性的不可能性。（见图 6.22）

图 6.21　15 - 64 岁的人口受教育比例，2000 年　单位：百分比

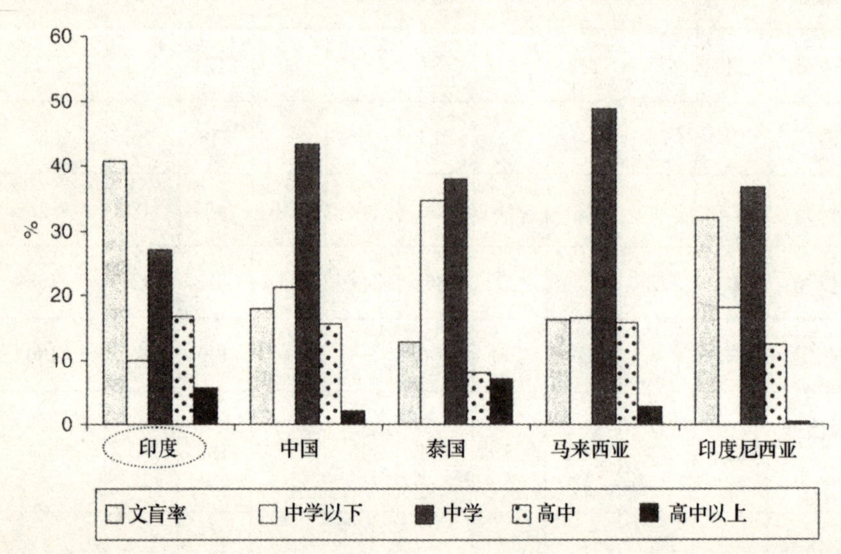

资料来源：巴里·博思沃思、苏珊·M. 柯林斯、阿尔文德·维尔马尼合著："印度经济增长的来源"，美国国家经济研究局工作报告 12901，剑桥，马萨诸塞，2007 年 2 月。

① 我们也注意到印度的高等教育系统本身正在面临巨大的挑战。

图 6.22　印度不同行业的受教育程度，2004 年

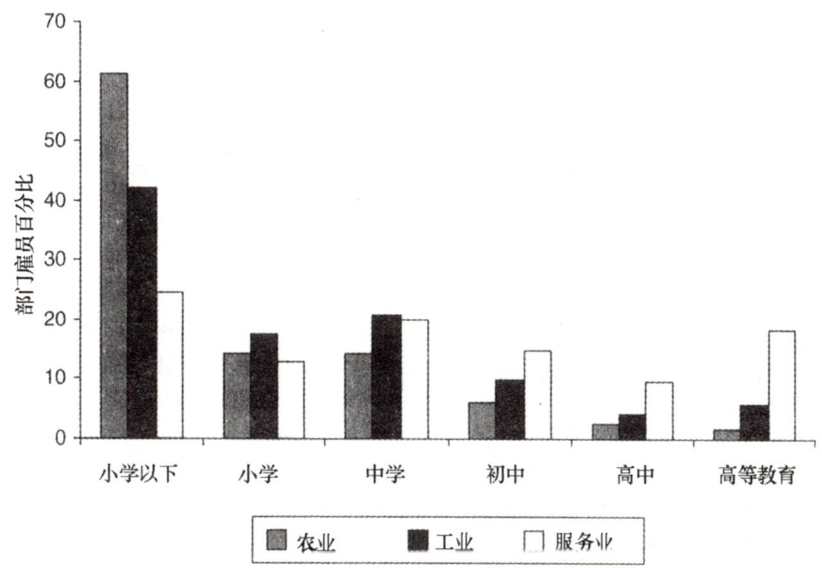

资料来源：2004 年 1 月至 6 月印度抽样调查组织第 60 次社会经济调查，《亚洲发展展望》2007 年。

印度在 1995—2004 年期间，对世界进出口增长的贡献约为 2%，其最有活力的出口部门是信息技术相关服务（见图 6.23 和图 6.24）。然而，印度的制造业出口开始出现强劲增长，尤其是在纺织和服装行业以及制药业。但是印度需要进一步发挥其出口部门作为增长引擎的作用，尤为重要的是涉足东亚国家的商业强项，即日益增长的制造业零部件贸易。亚洲发展银行最近指出："尽管南亚一些国家的出口增长迅速，但其融入国际生产网络的程度不及东亚。"① 事实上，南亚是世界上一体化最差的地区。地区内贸易只占全部贸易的 5%，而东亚地区的比例是 55%。

---

① 《亚洲发展展望》，2007 年。

图 6.23 亚洲出口率

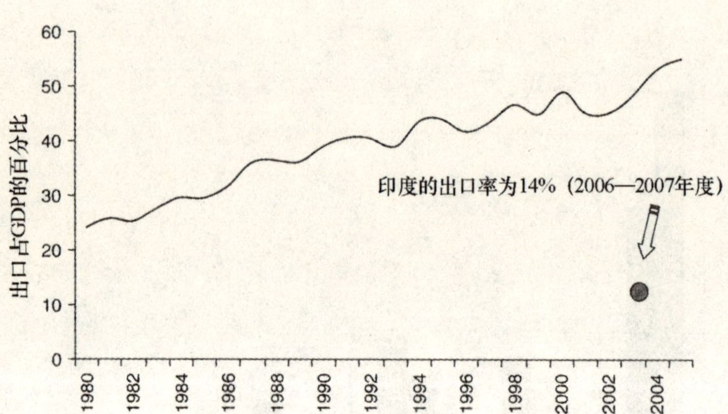

资料来源：牛津经济研究院《季度模板》，2007 年 2 月。

注：亚洲包括中华人民共和国、香港、印度尼西亚、韩国、马来西亚、菲律宾、新加坡、台北和泰国。

图 6.24 世界贸易份额，1990—2004 年（百分比）

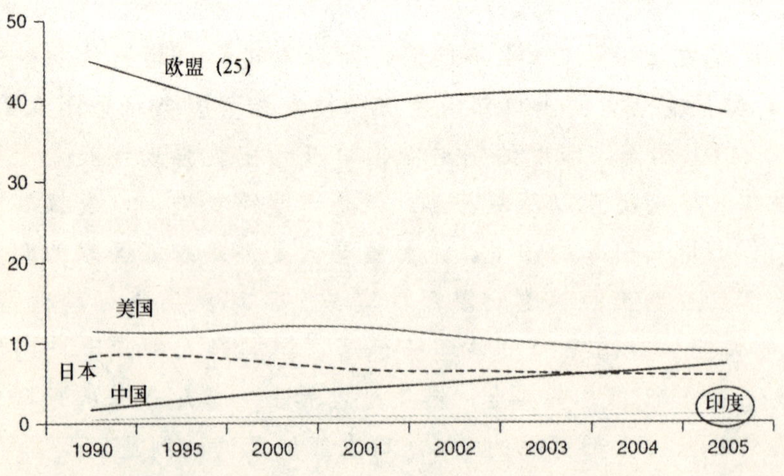

资料来源：世界贸易组织，2006 年。

公共事业单位改革：如果从中国的经验中找到一条可以比较的经验，那就是考虑到印度的政治经济，私有部门的扩张不需要以公共事业单位为代价，他们恰好是基础设施产品与服务的主要供应商。实际上，这一方法的运用在后苏联时代的独联体和拉美的“休克疗法”反面政策教训中已得到明显的验证，上述国家的国有企业被剥夺资产后，重新分配到私有部门。此外，这样的政策对于和中国一样拥有巨大待就业劳动力的印度来说没有必要，因此不需要对公共事业单位的资源进行再分配。印度公共事业单位所需要的是激励机制的系统性调整。因此，行业改革将在两方面同时进行，既强调改革、重组并为公共事业单位创造更大的自主权（如中国寻求通过国资委管理国有企业一样），同时改进针对私有企业活动的反垄断条例。印度的电信业管制机构是印度管理者的杰出范例，它在两个主要国营企业（BSNL，MTNL）之间促进竞争、保持活力和维护利益方面发挥了重要协调作用（见附录中有关印度反托拉斯的主要相关政策介绍）。

汇率政策

中国的汇率政策与印度的“管制浮动”政策并没有什么不同。然而，最近由于放松资本管制，印度央行的态度开始朝更大的货币流动方向变化。考虑到印度的高级金融市场改革，财政部和印度央行可能在允许卢比流动方面处于更好的位置。与此相关的重要主题在于，卢比的升值是否与以出口为导向的工业化进程这个更大的战略经济目标相一致。①

---

① 对印度央行的汇率管理政策的批评性文章参见：桑卡·阿查亚：“仲夏的疯狂?”，《商业标准》报，2007年8月9日；拉吉夫·马利克：“印度管理卢比仍旧是一个谜”，2007年7月14日，www.rediff.com；苏尔吉特·布哈拉：“印度与中国如何不同?”，《商业标准》报，2007年8月18日；苏尔吉特·布哈拉：“卢比，利己主义和央行政策”，《商业标准》报，2007年9月29日。

截至2007年8月，卢比对美元的汇率升值已经超过10%。[①] 这种可以避免的卢比升值所带来的后果在经济数据中得到体现：商品和服务的出口明显下滑，廉价的进口替代产品压力骤增，劳工密集型产业如纺织业等失业率攀升，贸易赤字陡然增加。在最近的一篇批评文章中，一名印度经济学家指出："保持低汇率能够对经济产生巨大好处，利润超过印度损失的6倍，是中国损失的11倍。"[②] 另一名经济学家指出："努力吸引更多外资，似乎并没有充分考虑在货币政策不受挑战的情况下经济消化的程度，也没有考虑维持什么样的汇率水平是政治责任"。[③]

综合来说，不断升值的卢比只是印度"绝缘"经济的另一种折射，其国内市场（增长的主要动力）的收益来自更廉价的进口和刺激地方需求，并且增加资本流入。然而，长期来说，这种方法与我们试图推崇的整体战略经济政策——即重视扩大可交易的制造业部门在整体国内生产总值增长中的比重相反。伴随着当下制造业的贸易赤字，卢比升值将进一步抑制创造就业和技术含量低的制造部门的增长。此外，除了深化内部的社会经济发展外，这种以工业化为方向的经济政策将同时增加印度与不同国家的联系，从而增加其地区影响力。

根据"不可能的三位一体"理论，一个国家可以在下面的选项中进行选择：

1. 缺少自主利率政策和自由资本流动的固定汇率；

2. 自主利率政策，有自由浮动汇率和自由资本流动；

3. 资本控制以及固定汇率和自主利率政策的组合。

可以发现，中国和印度都采取了所谓"低预期的固定而可调

① 然而，以贸易衡量，卢比相对稳定。

② 同上，布哈拉。

③ 同上，马利克。

整的机制"[①]，两者都寻求实行"对短期资本流动一定程度的资本管制"（他们不干预非热钱投资的流动，即外国直接投资和投资组合）。这使他们能够维持一个基本固定的汇率和独立于汇率政策之外的货币（利率）政策。此外，外汇储备的迅速积累以及自亚洲金融危机以来两国短期债务与储备比例较低的事实，增加了这种汇率稳定政策的可信度（注：印度的固定汇率政策约束相对不如中国严格）。

印度目前似乎在第二项和第三项政策选择之间，但是其渐进的资本账户开放正在迫使其朝第二项政策前进。这正是过去几年印度央行面临的困境。随着印度开放外国账户（允许更大的资本流入），汇率逐渐由市场决定，印度央行正在丧失对汇率变化的绝对控制。经济学家指出：由于正面的国内外利率差别所带来的金融成本，印度央行在吸收外汇储备的同时，也通过出售债券来增加国内债务，其利率成本高于持有外国资产。但是，正如经济学家指出的那样，这一损失是可以忽略的。如今，稳定基金全部数额在 220 亿美元左右，每年利率带来的损失最多占 3%，也就是 6.6 亿美元，与印度的 1 万亿美元国内生产总值相比，只占 0.66%。综合来说，印度汇率管理的利润是成本的 6 倍，是中国成本的 11 倍。[②]（见图 6.2）

① W. 马克斯·科登："令人震惊：关于汇率制度的选择"，剑桥，马萨诸塞州，麻省理工学院出版社，2002 年，第 42、219—223 页。通过开创性地分析，作者扩展了传统的西方著作关于汇率政策的陈旧观点，为发展中国家提供了超越传统的两极选择——绝对固定汇率制或完全浮动汇率制—的可能性。

② 苏尔吉特·布哈拉："印度如何与中国不同：这并不重要"，《商业标准》报，2007 年 8 月 18 日。

表 6.2 货币干预的成本效益分析

货币管制的收益超过成本的部分	印度	中国
2000 年 GDP（10 亿美元）	460	1200
2006 年 GDP（10 亿美元）	880	2560
2006 年外汇储备水平（10 亿美元）	220	1300
2000 年外汇储备水平（10 亿美元）	41	172
2000 年货币低估水平（%）	－11	－18
2006 年货币低估水平（%）	－28	－56
2000—2006 年货币低估的年均变化（%）	－2.8	－6.3
2000—2006 年货币低估的最大损失货币对冲造成的损失（占每年外汇储备的 3%）（中国的利率比美国低一个百分点）	6.6	－2.2
因可能的国内货币升值带来的损失（每年 3%）	6.6	39
外汇储备积累的损失总值	13.2	36.8
货币低估带来的收益（更高的 GDP 增长）	460	1200
2000—2006 年连续 6 年的货币低估和变化给 GDP 带来的收益	27.0	158.8
货币低估的水平和变化带来的额外收益	87.8	418.0
收益除以成本的比例	6.6	11.4

资料来源：苏吉特·S. 芭拉："二类公民：印度与中国的中产阶级王国"，彼得森国际经济研究所，2007 年 5 月。

应当再次强调的是，中国在战略上寻求保持第三项选择，即建立固定汇率制度和独立的货币政策（并控制资本），限制大规模的外汇流入。此外，目前在美国短期国债（中国外汇储备的构成之一）和中国的国内实际利率之间是一个积极的利率差，北京能够在其货币管理过程中获利。[①]

鉴于农业就业人口的比例不当，农业落后带来负面的社会经济后果。据印度央行2007年度报告显示：农产品的不稳定性不仅对经济整体增长有影响，也对保持低度和稳定的通胀率有影响，后者在2006—2007年的经验是突出证明。农业部门的积极增长对于确保粮食安全、缓解贫困、稳定价格以及整体经济的包容性和可持续增长具有至关重要的作用。[②] 事实上，农业部门已经面临结构性消亡——增长率由20世纪80年代的每年4.7%降低为20世纪90年代的每年3.1%，2000年以后进一步减为每年2.2%。(不同的是，中国的农业部门始终保持超过4%的增长率，尽管在2008年已经进入改革开放的第30年)。印度的痛苦归因于“投资下降，缺乏合理的灌溉设施，基础设施不足以及在发展高产量的杂交种子方面研发重视不够，缺少主要的技术进步，化肥使用不当以及制度性缺陷。”[③]

2002—2007年的5年中，在整体国内生产总值平均增长比例中，服务业为69%，剩余的大部分来自工业。结果，在2006—2007年，当农业在国内生产总值的比重下降到18.5%时，工业的比重提高到接近26.4%、服务业为55.1%。

表6.3中的数字清楚地显示了相对增长缓慢的基础设施部门（采矿、电力、水利等）导致供应方受到限制。如果上述问题得以解决，能够大大刺激工业尤其是制造业的增长。

“构成国内生产总值的消费和投资两大领域必须进一步提

---

① 值得注意的是，自从2005年7月以来，人民币已经升值了14%。中国人民银行业在2007年6次提息，这增加了货币干预的成本。

② 印度央行新闻公告，2007年8月30日，http://rbi.org.in/scripts/BS_PressReleaseDisplay.aspx?prid=17148.

③ 同上。

高”——印度财政部长，2007年2月。

表6.3 以生产要素成本计算的国内生产总值中各部门的增长率（1999—2000年的价格）

项目	2000年—2001年	2001年—2002年	2002年—2003年	2003年—2004年	2004年—2005年	2005年—2006年(Q)	2006年—2007年(A)
I. 农业及相关产业	−0.2	6.3	−7.2	40.0	0.0	6.0	2.7
II 工业	6.4	2.7	7.1	7.4	9.8	9.6	10.0
采矿及采石业	2.4	1.8	8.8	3.1	7.5	3.6	4.5
制造业	7.7	2.5	6.8	6.6	8.7	9.1	11.3
电子、油气、供水	2.1	1.7	4.7	4.8	7.5	5.3	7.7
建筑业	6.2	4.0	7.9	12.0	14.1	14.2	9.4
III. 服务业	5.7	7.2	7.4	8.5	9.6	9.8	11.2
贸易、酒店、交通和通讯	7.3	9.1	9.2	12.1	10.9	10.4	13.0
金融、房地产和商业服务	4.1	7.3	8.0	5.6	8.7	10.9	11.1
社区、社会和个人服务	4.8	4.1	3.9	5.4	7.9	7.7	7.8
IV. 生产要素成本的GDP	4.4	5.8	3.8	8.5	7.5	9.0	9.2
P：临时的		Q：迅速的		A：提前预期			

资料来源：中央统计组织。

投资需要消费

印度的总体国内资本构成（GDCF）总是超过国内储蓄总额

(GDS)（2001—2003年有一个短期的例外，当时印度出现了经常性账户盈余）。对于外国储蓄（储蓄—投资差）的依赖在20世纪90年代比80年代有所减弱，这意味着在20世纪90年代经常性账户赤字的改善以及相应的对于外国储蓄的依赖有所下降。另一方面，对于不同部门储蓄—投资差的统计显示家庭部门出现了稳定的盈余。当公立和私营公司部门在20世纪80年代和90年代都处于赤字的时候，公立部门的储蓄—投资差要高于私有公司部门。(见图6.25)

随着印度经济在1991年的开放，公立部门已渐渐从许多行业撤离，他们的位置被私有部门取代。这一现象伴随着印度的货币支出迅速增加而收入积累缓慢，导致20世纪90年代政府赤字超过10%。这也解释了为什么公有投资在这一时期减弱。政府在经济领域的投资份额由20世纪80年代初期的50%—55%，降至21世纪初的5%左右。伴随着近年来财政赤字的缓和，公共储蓄再次出现积极迹象。

通过中、印两国储蓄率的比较可以看出各自长期增长的前景：

印度家庭的储蓄比中国家庭多，但印度的公司和国家储蓄比中国要少很多。实际上，中国企业的储蓄比印度公司的储蓄高15—18个百分点，这占据了两国储蓄积累差距的大部分。(见图6.26)。在中国，过去5年里，家庭储蓄占国内生产总值的比例已经下降，但被企业和国有部门储蓄占国内生产总值的比例增长所抵消（这与我们此前关于中国公司部门推动储蓄投资繁荣的讨论相一致）。在印度，家庭储蓄在2004—2005年出现下跌，相关的分析似乎认为印度的家庭储蓄在近期还将逐渐减少（正如中国已经发生的那样）。

图 6.25 不同时期印度的储蓄—投资率的构成变化

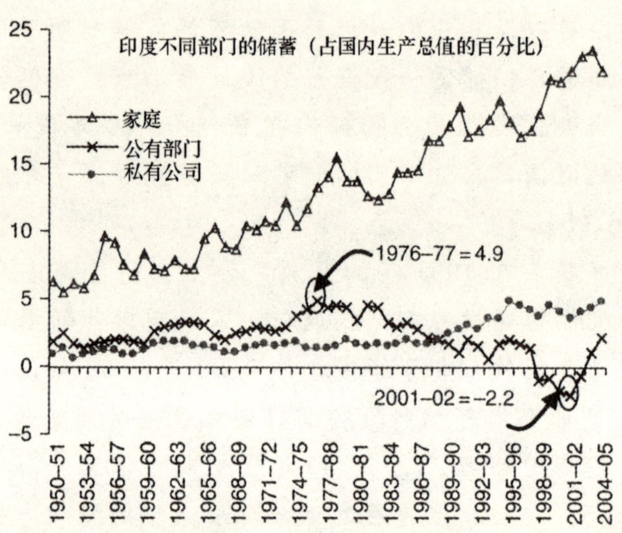

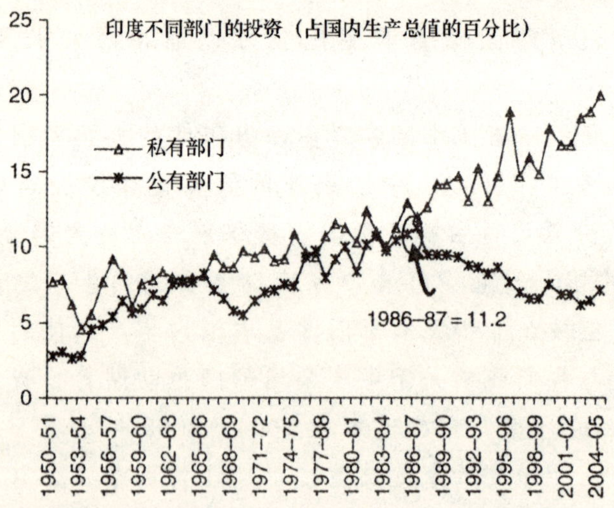

资料来源：迪帕克·米西拉："印度能够以南亚国家的储蓄率获得东亚国家的增长吗?"，世界银行，2006 年 7 月。

图 6.26　印度与其他东亚国家的储蓄率比较

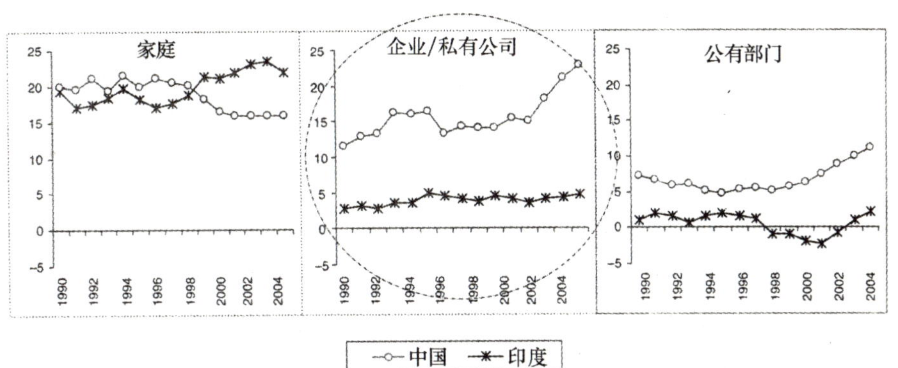

资料来源：迪帕克·米斯拉："印度能够以南亚国家的储蓄率获得东亚国家的增长吗?"，世界银行，2006 年 7 月。

最初，高储蓄的需求起源于国家扩大资本密集型、制造业驱动的工业化进程。例如：基础设施投资本身意味着更高的资本积累。举例来说，电、气、水力部门的资本密集度接近商业服务业的 3 倍。而目前印度增长的驱动力是服务业，其单位产出依赖的资本较少（假如印度的增长依赖制造业，对于资本强度的依赖就高，意味着更低的资本产出比）。（见图 6.27）

印度可以通过两种战略组合来增加其用于投资的可支配资本。第一，增加其国内储蓄的水平和有效使用的渠道。第二，利用经常性账户赤字（资本账户盈余）来吸收国外储蓄以支持增长。然而，我们已经注意到第二种选择对于汇率有不利影响，这与印度寻求的出口导向型增长相矛盾。因此，通过财政集中和中级银行部门之间有效的资本分配这两种手段来动员调动国内储蓄，可能产生促进长期增长的强劲储蓄率。目前，有利的人口结构（即年龄依赖率下降）支持家庭储蓄率，这是确保通过本地资本支持增长的另一个积极变量。

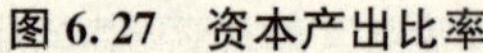

图 6.27 资本产出比率

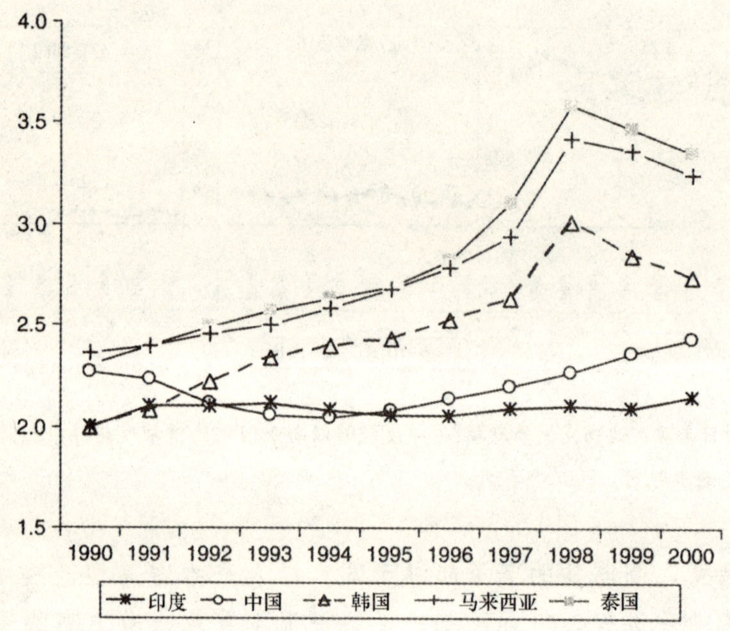

资料来源：迪帕克·米斯拉："印度能够以南亚国家的储蓄率获得东亚国家的增长吗?"，世界银行，2006 年 7 月。

麦肯锡咨询公司的一份报告指出：（印度）家庭只把储蓄的一半投资于银行存款（见图 6.28）。印度银行的贷款仅占其资金的 61%，大约是 G7 集团平均水平的一半。其余的银行储备，大约 33%流入政府债券。印度的公司债券市场仍旧处于初级阶段（即国内生产总值的 2%）。[①] 因此，金融部门的深化改革将增加印度金融体系的规模，这对于确保储蓄被有效而迅速的分配至关重要。

① "通过金融体制改革加速印度增长"，麦肯锡季刊，2006 年 5 月。

图 6.28　印度家庭储蓄的崩溃

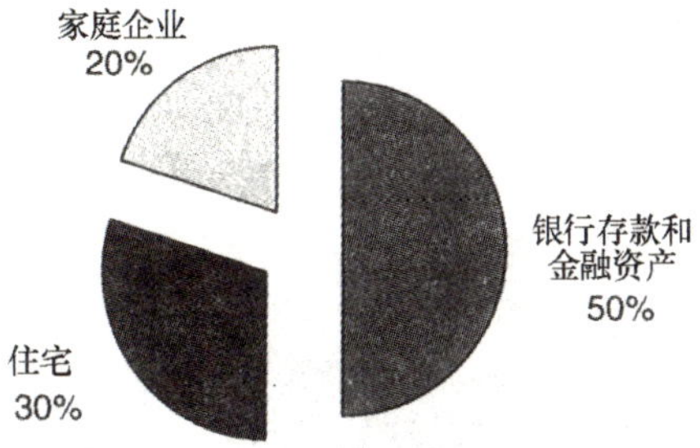

家庭企业
20%
银行存款和
金融资产
50%
住宅
30%

资料来源："印度通过金融改革加速增长"，麦肯锡咨询公司，2006 年 5 月。

印度政府与中国相似，也主导银行体系（见图 6.29），金融系统获得的超过 70％的储蓄盈余进入印度的公立部门。我们之前提到中国金融压制如何拉动以外国直接投资为形式的外部资本的巨大需求。而由于结构和商业环境的原因，印度无法获得显著的外国直接投资。我们注意到了中国的案例，公司部门的储蓄（自我融资）是投资的主要来源。这也是印度私有部门的情况。印度私有部门基金的构成反映在图 6.30 中。

图 6.29　印度的银行贷款比例

私有部门
30%
国有企业
39%
小企业
13%
农业及小型工业
18%

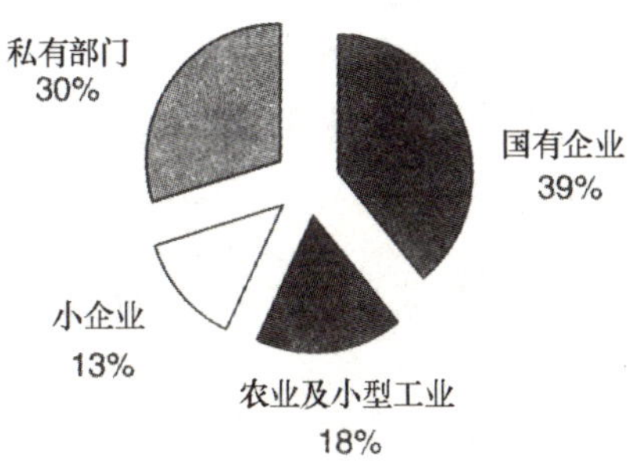

资料来源："印度通过金融改革加速增长"，麦肯锡咨询公司，2006 年 5 月。

图 6.30　私有部门：基金来源，2000—2006 年

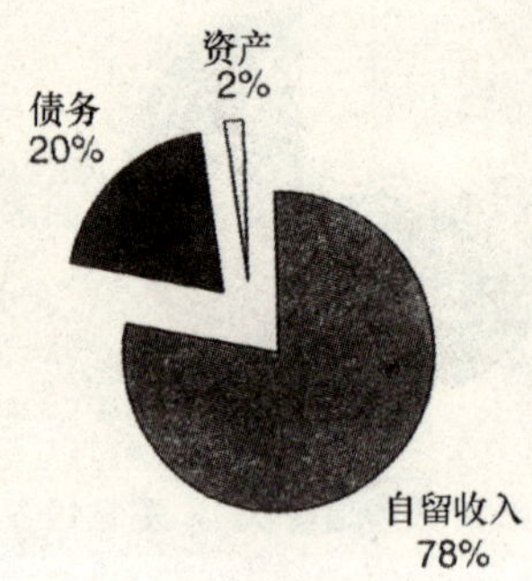

资料来源："印度通过金融改革加速增长"，麦肯锡咨询公司，2006 年 5 月。

印度的储蓄率由 2002—2003 年的 26.4％增长到 2004—2005 年的 32.4％，主要由私有公司储蓄拉动（见图 6.31）。总之，过去 4 年中维持经济高速增长的额外来源主要来自家庭储蓄之外——公司收入和预算盈余[①]，这和中国的情况相似。随着 2003—2004 年到 2004—2005 年间国内储蓄总额的增长，国内资本构成比例有很大的进步，从国内生产总值的 28％增加到 31.5％，导致储蓄—投资差或经常账户赤字缩小到 2004—2005 年国内生产总值的 0.4％。据粗略估计，印度国内资本构成比例将进一步增加到国内生产总值的 33.8％。对于经常性账户来说，意味着储蓄—投资的差距将扩大到国内生产总值的 1.4％。

① 安迪·穆克吉："印度的年轻储户将证明麦肯锡的错误"，2007 年 5 月 7 日。www.bloomberg.com。

图 6.31　国民储蓄率的构成

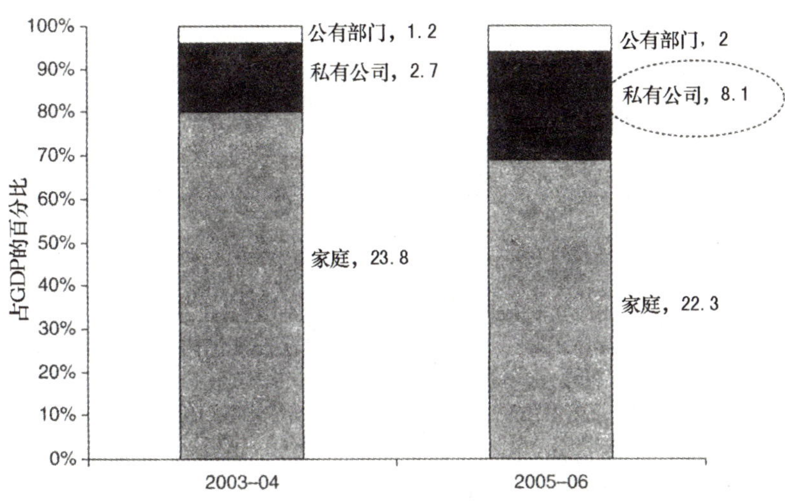

资料来源：印度央行 2006—2007 年度报告，附表第 11。

第七章　印度还需多长时间才能赶上中国？

尽管近年来人们对印度经济增速保持乐观，但具有讽刺意味的是：人们同时注意到印度在两项重大公共政策上的失误。其中一项失误是自印度独立以来，出于极强的民族主义情绪，印度使用印地语替代英语作为国语。这种被称作“印地语强势”的现象却引起非印地语邦的抵制，并导致泰米尔纳德邦频发的分离主义运动。推广印地语的运动曾被作为政治融合的一部分，今日却被束之高阁，无人能够确定是否还应继续。印度近年在软件制造业的成功，很大程度上应归功于本国相对低的薪酬水平和英语语言优势。这就不难理解，为什么大部分的软件制造产业集中于印度南部。原因是这一地区的英语教育更加普及。另一项重大失误是没能够有效地控制和稳定人口的增长，这也被许多人称为是经济发展的首要障碍。目前，许多人乐观估计了人口优势，并仅仅考虑到人口数量的因素：人口越多越好，并且人口结构越年轻化越有利。

战后日本的重新崛起给整个亚洲打了一剂强心针。尽管日本工业曾遭受重大打击，但其管理人才和技术资源，以及像朝鲜战争和冷战这样的偶发事件，都为日本发展提供了市场机遇和贸易伙伴。另一个偶然事件就是日本的人口增长。日本同美国一样，经历了战后的婴儿潮（参见图 7.1）。20 世纪 50 年代日本 15 岁以下人口比例达到 35%，这就使其到 60 年代中期享受到婴儿潮所带来的回报：新增大量的劳动力在提升生产能力的同时，也

图 7.1　日本人口简要统计表　　单位：百万人

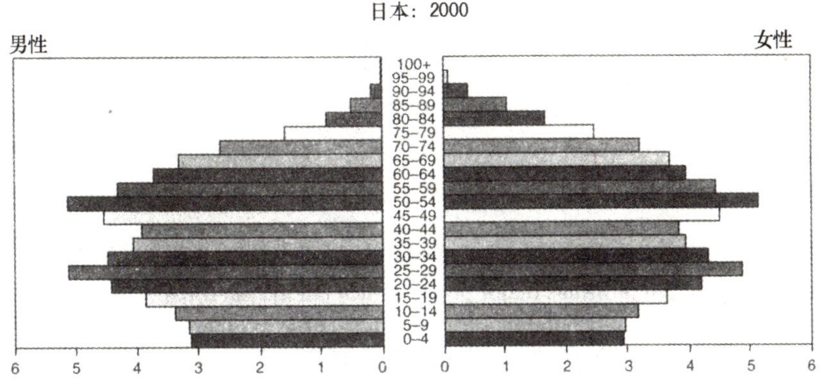

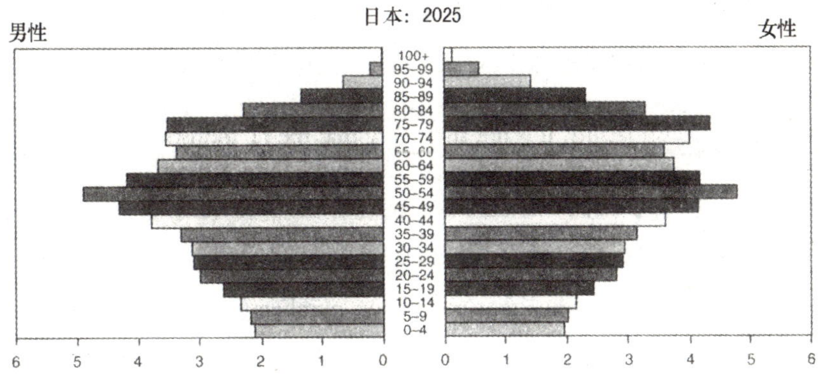

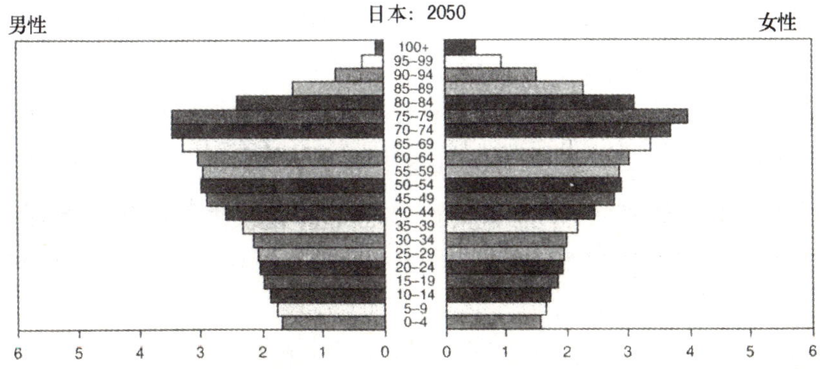

资料来源：美国人口普查局，国际数据库。

增加了消费。到2006年，这部分人口所占比重明显增大，这将导致到2050年日本步入老龄化社会，而人口减少和老龄化的趋势将会影响到其经济增长。

从图7.2和图7.4中可以看出2000—2005年印度和中国人口的比较情况。到2050年时，中国中年人口数量所占比重将明显增大，并快速步入老龄化。这将给经济发展带来巨大的负担。相对来说，印度的经济发展却更具持续性，印度政府也可以更好地利用此优势。这将成为印度的重要机遇。为了充分把握机遇，印度需要妥善发展教育事业，进一步提高劳动力的素质和水平。同时，也需要进一步改善基础设施建设和采取恰当的政策措施，以进一步促进国家的工业化、现代化和农业发展水平。由于在政治上地方利益至上，从而导致激烈的权利斗争，这（对全面发展）是致命的，政府也难以确定中长期的部署和规划。相反，中国就幸运得多。由于邓小平的巨大威望和影响，中国可以较容易地实施改革和转型。而在印度，全国性的协调和磋商难以实现领导权的高效运转。这些协商往往只关注各自微小的地方利益，这与伫立在变革时代潮头的新兴大国应持有的态度有天壤之别。哪怕是对现状的谨慎微调和小步向前的改革都将遭受风险和阻挠，这就是印度民主的代价。相反，中国不受所谓民主的羁绊，政府能够英明领导和高效管理。正如塔兰·科纳新近所说，与印度政府相比，中国能够更好地满足"aam admi"（人民）的物质文化需要，而这一点往往与常人印象相左。①

日本人口结构已进入最为糟糕的阶段。储蓄率将可能在2005年后下降。而到2025年，负担老年系数将上升。同时，公共债务的激增将使问题进一步复杂化。本世纪头10年，中国的人口结构最有利于经济的增长。但到2025年，人口也将趋于老龄化，

① 塔兰·科纳（Tarun Khanna）：《亿万名企业家—中国和印度如何重绘未来，包括你的未来》，波士顿，MA：哈佛商学院出版社2008年版。

图 7.2　中国人口简要统计表　单位：百万人

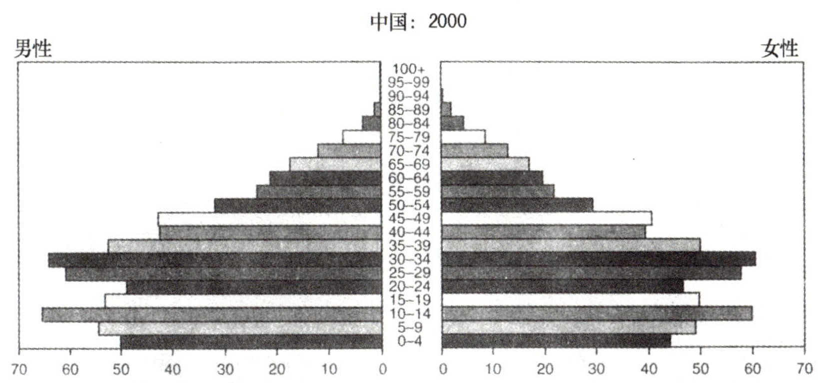

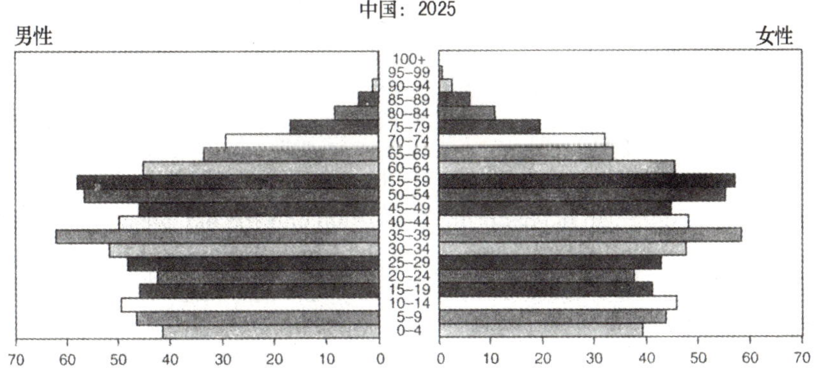

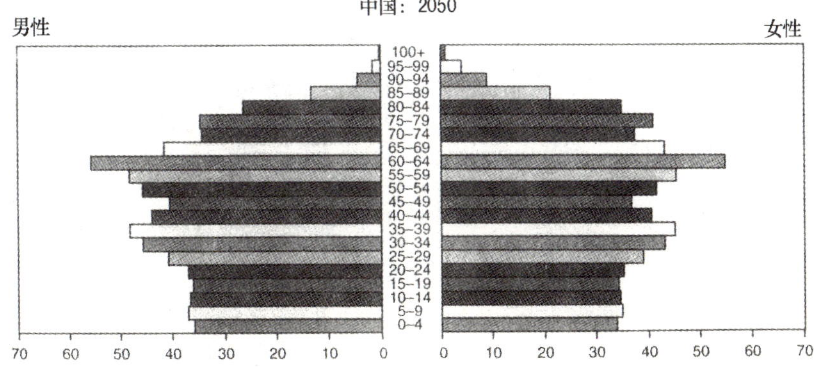

资料来源：美国人口普查局，国际数据库。

负担系数将会调头向上。但中国的人口问题仍比日本要好很多（见图 7.3）。

图 7.3　中国和日本：镜像人口统计　　单位：百万人

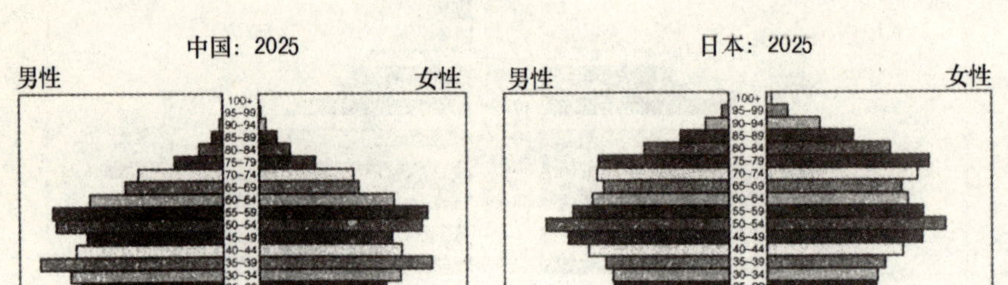

资料来源：美国人口普查局，国际数据库。

今日印度人口中大量的少年儿童在 15—20 年后达到工作年龄。到 2025 年，印度在 15—35 岁的人口数量将达到 2.7 亿（参见图 7.4），仅比今日美国总人口数量少 3000 万。储蓄率和生产潜力将达到顶峰。那时印度面临的挑战是如何发展劳动密集型产业以充分利用此项生产潜力。

印度所面临的挑战并非是要赶超中国的经济增长速度，而这一速度在未来也必将放缓。印度能够达到中国在 1986 年的增长速度吗？印度和中国能够在 GDP 总量上齐头并进吗？如果目标如此，到 2025 年印度的经济增长率将需要达到 11.6%。直至 2050 年，印度经济必须保持 8.9%的年增长率。可能我们许多人无法活到那一天去亲眼见证了（参见表 7.1）。

图 7.4 印度：最终合理的人口数量？ 单位：百万人

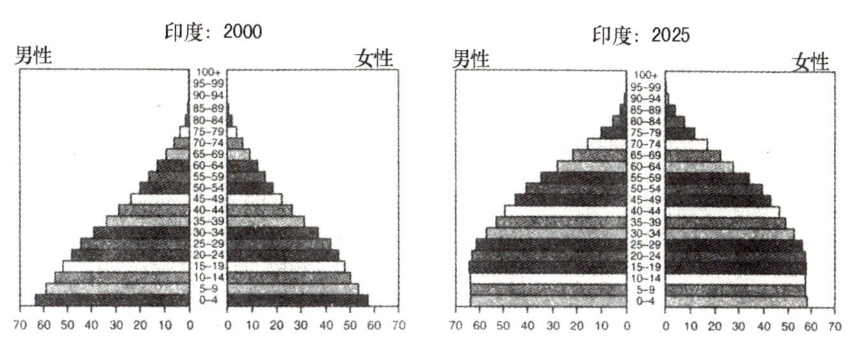

资料来源：美国人口普查局，国际数据库。

表 7.1 印度赶上中国需要多长时间？

印度	年度	增长率（%）
赶上中国	2050	8.9
赶上中国	2020	11.6
平均增长率	2000 以后	6.2
平均增长率	20 世纪 90 年代	5.6
平均增长率	20 世纪 80 年代	5.6

资料来源：高盛投资公司，CPA 研究。

表 7.2 五年平均实际 GDP 增长率（百分比）

年度	印度	中国
2000—2005	5.3	8.0
2005—2010	6.1	7.2
2010—2015	5.9	5.9

续表

年度	印度	中国
2015—2020	5.7	5.0
2020—2025	5.7	4.6
2025—2030	5.9	4.1
2030—2035	6.1	3.9
2035—2040	6.0	3.9
2040—2045	5.6	3.5
2045—2050	5.2	2.9

资料来源：高盛投资公司，金砖四国模式。

表 7.3 预计 GDP 及人均 GDP 数量表

年度	GDP 总额 印度	（单位：百万 美元）中国	人均 GDP 印度	（单位：美元） 中国
2000	469	1078	438	854
2005	604	1724	559	1324
2010	929	2998	804	2233
2015	1411	4754	1149	3428
2020	2104	7070	1622	4965
2025	3174	10213	2331	7051
2030	4935	14313	3473	9809
2035	7854	19605	5327	13434
2040	12367	26439	8124	18209
2045	18847	34799	12046	24192
2050	27803	44453	17366	31357

资料来源：高盛投资公司，金砖四国模式。

赶上中国的经济发展速度还远远不够。如果问题如此简单，印度现阶段表现就要比美国、欧洲、日本要好得多。但是，高盛投资公司所做的一项研究表明，印度的经济增长率在未来半个世纪将不可能达到如此高的水平。根据相关研究成果，印度的经济增长率在 2005—2010 年和 2030—2035 年两个阶段分别达到顶峰，数额为 6.1%（参见表 7.5）。从 2005 年开始，印度经济以大约 9%速度增长。即使在全球经济增长放缓的背景下仍实现了 6.5%的增长。高盛的研究结果也表明，印度的增长率到 2010 年将与中国持平，并在 2015 年超越中国。

尽管如此，根据高盛的研究结果，即使到 2050 年印度仍追不上中国。这是因为中国比印度拥有更大的 GDP 总量，而即使中国相对小幅的增长也意味着比印度更大的绝对值增长。到 2050 年，中国的人均 GDP 数量将是印度的两倍，与目前情况相当（参见表 7.3）。

但是，如果印度的经济增长能够稍快一点，追上中国绝非镜花水月。这一乐观估计也是有根有据的。表 7.4、表 7.5、图 7.5、图 7.6 表明，假设印度 GDP 总量和人均 GDP 数量增长能够再分别提高 1 个和 2 个百分点，印度将能够在本世纪中叶追上中国。此外，另一个事实也为此论断提供佐证：中国的人口在 2030 年左右保持稳定，而印度的人口结构却更有利于发展，其中青年人口所占比例更大。

表 7.4　至 2050 年印度和中国预计 GDP 总量（单位：十亿美元）

年度	印度预计增长率	GDP 值	印度预计增长率增加 1%	GDP 值	印度预计增长率增加 2%	GDP 值	中国预计增长率	GDP 值
2005*	6.1	691	7.1	691	8.1	691	7.2	1932
2010	5.9	929	6.9	974	7.9	1020	5.9	2735

续表

年度	印度预计增长率	GDP值	印度预计增长率增加1%	GDP值	印度预计增长率增加2%	GDP值	中国预计增长率	GDP值
2015	5.7	1238	6.7	1360	7.7	1492	5.0	3642
2020	5.7	1633	6.7	1880	7.7	2162	4.6	4649
2025	5.9	2155	6.9	2601	7.9	3133	4.1	5821
2030	6.1	2870	7.1	3630	8.1	4582	3.9	7116
2035	6.0	3859	7.0	5116	8.0	6764	3.9	8617
2040	5.6	5164	6.6	7175	7.6	9939	3.5	10433
2045	5.2	6781	6.2	9876	7.2	14335	2.9	12391
2050		8737		13342		20294		14295
平均	5.8		6.8		7.8		4.6	

* 真实数据

资料来源：《世界发展指数数据库》，世界银行，2006 年 4 月 18 日刊，2005 年真实数据；金砖四国报告的增长率，高盛投资公司。

表 7.5 至 2050 年印度和中国人均 GDP 数量（单位：美元）

年度	印度预计增长率	人均GDP值	印度预计增长率增加1%	人均GDP值	印度预计增长率增加2%	人均GDP值	中国预计增长率	人均GDP值
2005*	6.1	626	7.1	626	8.1	626	7.2	1468
2010	5.9	785	6.9	823	7.9	862	5.9	2019
2015	5.7	982	6.7	1079	7.7	1184	5.0	2615
2020	5.7	1226	6.7	1412	7.7	1623	4.6	3265

续表

年度	印度预计增长率	人均GDP值	印度预计增长率增加1%	人均GDP值	印度预计增长率增加2%	人均GDP值	中国预计增长率	人均GDP值
2025	5.9	1544	6.9	1864	7.9	2245	4.1	4038
2030	6.1	1981	7.1	2505	8.1	3162	3.9	4920
2035	6.0	2582	7.0	3423	8.0	4527	3.9	5971
2040	5.6	3365	6.6	4676	7.6	6477	3.5	7278
2045	5.2	4325	6.2	6300	7.2	9144	2.9	8745
2050		5486		8377		12742		10267
平均	5.8		6.8		7.8		4.6	

＊真实数据

资料来源：统计数据来源为联合国秘书处经济与社会事务部人口署，《世界人口展望—2004年报告及世界人口城市化进程》；《世界发展指数数据库》，世界银行，2006年4月18日刊，2005年真实数据；“金砖四国”报告的增长率，高盛投资公司。

图7.5　至2050年印度和中国GDP预计走势　单位：十亿美元

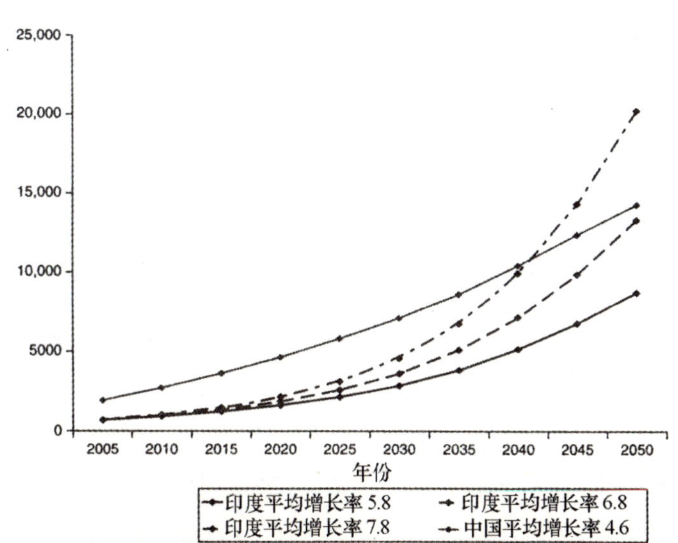

资料来源：高盛投资公司，金砖四国模式。

图 7.6 至 2050 年人均 GDP 预计走势 单位：美元

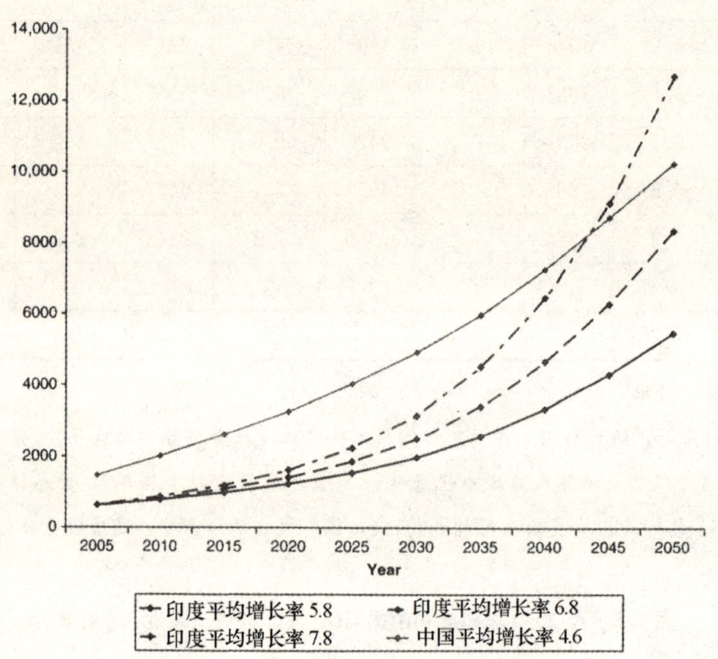

资料来源：高盛投资公司，金砖四国模式。

本章在完成时，世界经济正遭受本世纪以来最为严重的经济危机。美国次贷危机所引发的经济危机，根源是美国采取错误的财政监管制度、大量的财政赤字和冒险逐利的资本主义政策。尽管在未来两年，由于世界经合组织（OECD）成员国需求受到抑制和投资减少，印度和中国的经济增长率不可避免地受到影响，但从两国的长期发展看，我们仍对未来发展充满信心（参见图 7.7）。

第八章将探讨危机后的世界经济及其他我们所关注的问题。

图 7.7　至 2011 年 GDP 预计走势　单位：十亿美元

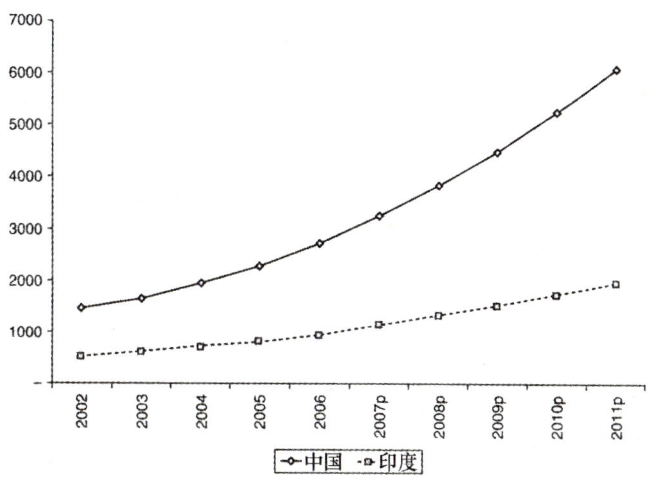

资料来源：经济信息中心，2007 年刊。

第八章　后危机时代的挑战

2008年第四季度，全球经济开始陷入一场大规模的经济危机中。此次危机最初发生在美国金融体系中，经过近5年的发展，最终于2007年8月演变成一场世界瞩目的次贷危机。一年后，危机波及全球经济体系，使几乎每个经济合作开发组织成员国都经历了严重的经济衰退。前美联储主席阿兰·格林斯潘形容此次经济危机为“百年一遇”。

此次经济危机的根源是长期以来美国对其经济和金融系统疏于管理或管理不善所引起的。2001年，当乔治·布什从比尔·克林顿手中接过权力时，美国还是一个财政富足、经济蓬勃的国家。但很快，美国政府的金融就因为两场愚蠢而冒险的战争——伊拉克战争和阿富汗战争而被拖垮了。美国政府执拗地认为其无所不能，并在没有得到联合国授权的情况下发动了战争。这直接导致了美国金融状况的恶化，甚至倒退回了老布什时代。仅2008年，美国财政赤字就达到4550亿美元[①]。

截至2008年，美国政府所承担的所有债务已达到国内生产总值的350%，其中包括家庭债务、联邦债务以及外债，这一比率比2000年提高了200%[②]。2008年，美国的消费总量接近10万亿美元，约占当年美国GDP总量的70%[③]。事实上，美国家庭负债也从1997年占GDP总量的66%上升至2007年的100%。总

---

① 美国国会预算办公司（网址：www.cbo.gov/）。

② 马丁·沃尔夫：《自我毁灭的种子》，载于《金融时报》，2009年3月8日刊。

③ 美国经济分析局（www.bea.gov/）。

之，此次危机是由美国经济发展结构性不均衡，即过度消费所造成的。

在过去的数十年间，美国对外贸易一直处于逆差状态，2007年贸易赤字达到了8470亿美元，而且这一数字还在不断增长。从传统意义上讲，美国似乎很容易填补这一不断扩大的缺口，因为全世界都热衷于购买美国债券。中国已经持有大约1.5万亿美元的美国债券，而印度也持有超过1200亿美元的美国债券。中东广大的产油国也在持有美国资产方面毫不落后。其中的原因是，美元作为国际储蓄货币所具有的独一无二的地位，目前美元已达到国际储备总量的64%。这暗示着只要美元金字塔不倒，美国就可以肆无忌惮地印钞票或借外债，而不需考虑后果。

这导致自2003年以来，美国外债以每年1万亿美元的速度飙升，并在2008年达到13.5万亿美元的水平[①]。如果加上未来可预见的必要开支，如医疗保障、养老金等，则美国还需要为此支付550亿美元。颇具讽刺意味的是，全球许多国家甚至一些相对贫穷的国家，比如印度都为了避免成为层压式经济结构中的受害者（金字塔骗局）而将购买美国国债作为一种可靠的投资，但正是这种投资反而将他们拉入这种不利的局面中来。然而印度却始终没有改变这一观点，甚至在经济危机过程中国际机构性投资资金大量外流，导致卢比被抛售时也不肯减少其美元储备。

因此，此次经济危机爆发的背后隐藏着一对相互作用的力量，即美国的过度消费引发新兴市场国家及石油经济国的过度储蓄，而这种储蓄只青睐于美国国债。此外，对美元将作为永久储蓄货币的过分迷恋加剧了这种长期债权人—债务人的关系，使美国的规则和政策制定者们忽略了全球经济结构不平衡存在的隐患。事实上，危机发生后，很多人仍盲目坚持上述观点，并以此为基础制定所谓的补救措施。

伴随着资本大量涌入美国，相应的金融监管和风险评估体制

① 美国财政部数据（www.ustreas.gov/）。

却被忽略。次级房贷的大量发放制造了房地产市场的泡沫。此次危机最大的挑战是经济学家和决策者如何将整个金融体系中受到污染和破坏的部分清除出来，即从各金融机构的财务报表中查出所谓的不良资产或有毒资产，而这些资产的规模现在还是未知的。这一问题的产生是金融市场结构和金融市场证券化所造成的，即市场将贷款分割成小份，并将每小份以债券的形式重新分配给广大金融机构，这不但加大了风险，而且增加了泡沫产生的可能性。因此，这一看似高明、完善的金融衍生品最终导致了工业社会金融体系的崩溃。

面对银行系统的瘫痪，作为回应，主要工业国家表示保持投资者资产流动性和公平性是解决危机的最后机会。一些曾经的银行界巨头，如花旗集团、美国银行等都面临着机构僵化、技术落后的局面，仅靠政府的固定资金注入而维持。其财务报表中的不良资产严重损害了其地位，面临两难的境地，要不被全部收为国有，要不就宣布破产。上一年度，美国政府的贷款、投资及抵押总额达到了7.8万亿美元，而危机爆发前的债务总额则高达10万亿美元。评估显示，2009年度美国联邦赤字占GDP的比例将高达12.5%[①]。

作为曾是美国金融权利象征的华尔街，目前正面临着财政拮据以及被逐渐国有化的窘境。两位美国经济学家敏锐地把握了这一趋势，并说："纽约曾经被冠以世界金融中心美名，而如今它甚至不配被称为美国的金融中心，这顶桂冠落在了华盛顿的头上。"[②] 马丁·沃尔夫对实体经济和华尔街之间的微妙关系进行了总结："在过去30年里，美国财政负债比名义上的GDP增长快了6倍。随着体量和效力的不断膨胀，金融领域创造着越来越多的财富，最高时竟然占国家总财富的40%。本该处于经济发展服

① 尼奥·费古森：《矛盾时代》，载于《财经时报》，2008年12月19日刊。

② 伊安·布莱默、诺里尔·鲁比尼：《世界经济捱过2009年的希望》，载于《华尔街报》，2009年1月23日刊。

务地位的金融行业已成为真正掌握经济的权贵，这是一种不健康的增长方式。”①

在实体经济范畴内，人们更关心的是房地产市场的萎缩对家庭财产造成的重大损失，进而影响消费。2008 年底，房价下跌了约 25%，但仍比泡沫形成前高了约 25%。因此，评估显示，消费需求还将进一步下降。

英格兰银行对此次危机的程度进行了评估，显示不良资产带来的损失将高达 2.8 万亿美元。截至 2008 年底，所有银行资产账面价值降低了 5830 多亿美元②。就在本书编写过程中，美国经济正在以每年 5%的速度缩水。作为曾经准确预测此次金融危机的少数几个人之一，纽约大学教授努瑞尔·鲁比尼预测：美国仅因信用危机而导致的损失就将高达 3.6 万亿美元，而银行系统也将因此“彻底瘫痪”③。许多经济学家认为：在未来许多年里，经济都将处于紧缩状态。国际劳工组织估计：截至 2009 年底，全球将减少 5100 万个就业岗位，失业率将达到 7.1%，而在 2007 年这一数据仅为 5.7%④。

回到我们的主题，读者很容易问到这样一个问题，即全球金融危机究竟会对本书中所提到的主要观点带来怎样的影响？更明确的说，本书的基本观点就是中国经济发展模式的成功，特别是社会经济基础领域所取得的成绩，包括教育、医疗和基础设施建设（如电力、水、交通以及制造行业等）将为印度的发展提供范本，而在经济危机面前，这一基本观点是否会发生改变。

在我们捍卫本书的核心观点前，有必要首先提及一下此次金

① 马丁·沃尔夫：《为何处理巨额债务如此之难?》，载于《金融时报》，2009 年 1 月 27 日。

② 尼奥·费古森：《2009 年预想》，载于《金融时报》，2009 年 12 月 15 日刊。

③ 亨利·迈耶尔、艾叶莎·达雅：《鲁比尼预测美国损失将达 3.6 万亿美元》，网址：www.bloomberg.com，2009 年 1 月 20 日发表。

④ 《全球视野人数可能“达到 5100 万”》，BBC 新闻，网址：http://news.bbc.co.uk，2009 年 1 月 28 日发表。

融危机对中国经济发展所产生的不利影响。而此前没有人（包括我们自身）相信中国经济前进的趋势会出现动摇。此次危机对中国最大的影响在于经济贸易合作组织国家（OECD）消费需求的大幅下降。美国、欧盟和日本是中国出口的三大主要对象国家和地区，占到中国总出口量的50%以上。由于中国对上述地区市场的高度依赖，因此当其消费需求出现大幅萎缩时，中国经济也无法独善其身。在第五章中，我们详细阐述了东亚地缘经济发展趋势与西方市场需求的内在紧密联系。

出口需求的萎缩使东亚三大主要经济体，中国、日本、韩国的经济增长都出现了不同程度的放缓。中国公布的2008年第四季度GDP增幅是近7年来最低值。中国表示：与2007年同期相比，2008年第四季度经济增长为6.8%。日本表示：2008年12月份，日本出口额创纪录的下降了35%。而韩国方面也表示：2008年第四季度经济下降了3.4%。2008年12月份与上年同期相比，中国出口额下降了2.8%，创自1999年4月以来10年间最大降幅。同期，中国进口额也下降了21.3%①。

很明显，中、美相互依赖的经济模式在危机的冲击下正在经历调整的阶段。在其金融出现严重问题的情况下，美国过度消费的经济方式已难以为继，而世界其他经济体即使联合在一起也无法消化美国留下的消费负担。因此，中国生产过剩的问题必然更加严重。中国经济增长将面临结构性转型的问题。在调整过程中，只有进一步提高国内消费水平，才能保持中国经济的持续发展。而目前中国国内消费对GDP的贡献率只有36%。

---

① 金载俊：《韩国接纳中国奇迹》，网址：http://www.koreatimes.co.kr，2009年1月27日发表。

图 8.1：中国经济表现（单位:%，与去年同期相比）

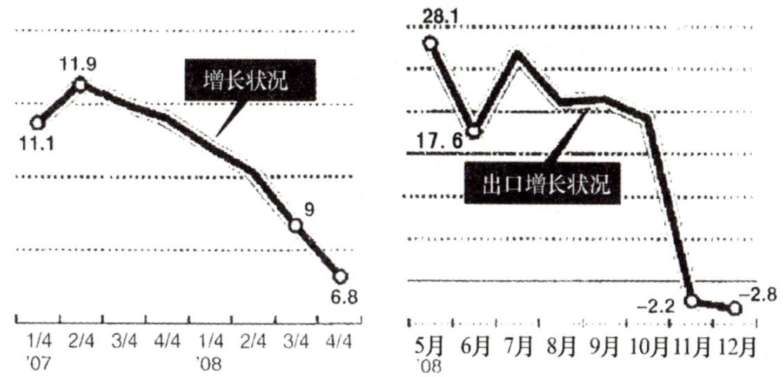

资料来源：韩国银行。

据中国社会科学院研究显示：到 2009 年，中国的失业率或高达 9.4%，创 30 年来最高，其中包括从事外贸相关行业的流动性劳动人口①。政府另一项涉及 15 个省份的研究报告显示，目前大约有 2000 万流动劳动人口处于失业状态，占到流动劳动人口总数的 15%②。

中国以出口为导向的经济发展模式以及其在全球贸易体系中所占的高份额说明，中国经济能否继续保持两位数的增长速度取决于两方面因素：一是新的坚持赤字发展的国家出现，即使该国家的规模远小于美国。二是中国国内消费需求的增加。

需要指出的一点是中国对政策工具的使用，特别是良好的财

① 李延平：《增长减缓期中国面临几十年来最严重失业》，网址：www.bloomberg.com，2009 年 1 月 20 日发表。

② 克里斯·霍格：《中国移民失业攀升》，网址：http://news.bbc.co.uk，2009 年 2 月 2 日发表。

政状况以及大量的外汇储备使北京的决策层有足够的把握防止经济出现严重衰退。中国方面已经出台了总额为5860亿美元的一揽子经济刺激计划①，自2008年9月以来连续5次降低利率，并进一步削减税收标准。这使人很容易想起亚洲金融风暴后中国政府一系列刺激经济增长的财政政策的出台。从那以后，中国财政赤字占GDP的比例从1998年的0.7%增加到2000年的2.6%②。我们曾在第六章中提到，随着中国全球化进程的推进，国有资产在工业领域所占的份额不断扩大。在目前发生的全球金融危机中，中国的国有资产能否起到稳定经济的作用还有待检验，而且这种被著名经济学家黄亚生称为“技术专家政治思想”或被其他经济学家称为“国家资本主义”的经济形态将在未来几年里体现得更为明显③。

目前，中国和印度的经济都暂时遇到了一些困难，而两国正应借此契机对各自所选择的经济发展道路进行反思，并对未来工业化过程中可能再次遇到的困境进行评估。正像我们已经意识到的一样，全球化不一定是国际政治经济发展的唯一途径，亚洲各国应该寻找适合自己的发展模式，减少对西方发达工业国家的依赖。

很具讽刺意味的是，如果印度能侥幸避免全球经济衰退所带来的极端影响，这完全是由于印度没能完成经济结构的拓展，即：由于经济结构性的失败导致印度手工制造业和商业占GDP的比例无法得到提高。这一点我们曾在本书的前几章中提到过。因此，与东亚包括中国在内的那些以制造业出口为主导的国家相比，印度对服务业高度依赖的经济结构有可能使其成功躲开此次

① 北京方面发布了关于基础设施建设和社会福利保障方面开支的两年计划，但其中并没有说明那一部分是新的规划。

② 《中国季度发展情况》，世界银行，2008年12月刊。

③ 贾米尔·安德里尼:《中国的国家因素刺激经济增长》，载于《金融时报》，2008年12月26日刊。

全球经济衰退所带来的严重影响[1]。但是，印度的经济管理者们不应因此而感到丝毫欣慰，更不能成为其在政策制定上无所作为的借口。目前，印度的出口行业占GDP总额的22%，并提供了1.5亿个就业机会（仅次于农业的印度第二大产业），然而根据印度出口组织联合会贸易部门的评估：截止2009年，印度出口行业可能会损失1000万个就业岗位[2]。

在此需要反复说明的一点是，仅靠服务业自身将无法使印度经济恢复活力并实现可持续增长。纵观历史，工业化曾经是、也还将是保证经济可持续发展的唯一途径，特别是对印度这样拥有大量劳动力并且劳动力素质不高的国家来说更是如此。目前印度60%的人口依靠农业维持艰难的生活，并且这一数字正以每年2%的幅度上升，若要实现对这部分人口生活资料的再分配，就必须依靠制造业的发展。回想中国的历程，在改革的头10年中，农业的发展带动了农村工业的全面繁荣。

印度的经济决策者们未能找到一种发展模式使印度经济结构中的优势得以发挥，这是他们最重大的失败。这一优势就是印度拥有大量的不熟练劳动力。根据统计，每年大约有1400万不熟练工进入印度劳动力市场，如何为其创造更多的就业机会成为印度政府需要面对的最大挑战。因此，本书的主旨就是要指出印度一味走技术型经济发展路线（单纯发展服务业）的局限性。

对制造业而言，特别是劳动密集型制造业，核心基础设施服务是保证其成功获取市场份额的关键。当今，印度在基础设施建设方面每投入1美元，中国就投入了7美元。2007年，印度电力供应能力提高了7000兆瓦，而中国则提高了100000兆瓦。最近，印度对影响经济发展的10方面因素进行了研究，这些方面包括电力、水、气供应、交通服务、铁路运输、烟煤以及褐煤

---

① 可以肯定的是，IT服务业对西方市场的依赖性很强，这必然使印度的经济增长速度受到影响和制约。

② 切利安·托马斯：《印度出口第三个月下降》，网址：www.bloomberg.com，2009年2月2日。

等。研究显示，印度经济增长率对这些方面的依赖程度至少和1991年改革前的程度差不多[①]。更概括的说就是供给方面的瓶颈仍阻碍着印度工业的发展。

印度的金融全球化进程以及对西方资本市场的高度参与，在某种程度上加速了金融危机的发生。大量曾经进入印度资本市场的投机资本或“热钱”纷纷撤出，转投保险系数更高的货币，印度公司遭受打击。除了部分国内因素，印度大量私人贷款的增长主要依靠外部资金以及国际资本的注入。到2008年底，商业借贷占了印度全部外债总额的28%（约合660亿美元）。现在，随着在过去5年中刺激全球和印度增长的因素，即资金高度流动性的结束，如何保持印度的经济增长率以及支持大量基础设施建设项目开展下去（预计项目到2012年需要金额为5000亿美元），成为一个难以应对的挑战。在这种情境下，必须通过更大规模地动用国内存款为公共或私人投资项目注入新鲜血液。而如此一来，另一个近年来一直讨论不休的关于印度经济发展的悖论将再次显现。虽然印度是一个资本并不充裕的国家，但近年来印度仍保持了资本输出的顺差。2006—2007年度，印度对外直接投资总额占GDP总量的12%，大大超过经合组织成员国（OECD）制定的标准[②]。

还有一点需要提起的是，在印度学术界存在着一种悲观主义的情绪。他们并不去调查西方发生经济危机的根本原因，也不试图从中吸取教训，只是单纯地希望工业国家恢复旧有的经济体系（这种体系很难维持可持续发展）。然而，目前的经济很难再恢复到原来的状况了。一些人不切实际地希望孟买指数能再次回到多年前的最高点，但事实上在2008年该指数蒸发了近60%的市值。

---

① 尼尔维卡·辛格：《是个需要增速的领域》，载于《财经快报》，2006年12月12日刊。

② 阿芬达·苏博拉曼尼安：《珍贵的印度》，载于《商业标准》，2007年8月14日刊。

无论从政治角度还是从理论角度进行分析，如果人们能从此次国际金融危机中吸取一个教训的话，那就是更多的邦需要在全球化的大潮中学会如何面对机遇和挑战。事实上，一些经济学家指出，通过此次金融危机，西方安格鲁撒克逊式的自由市场资本主义经济模式已被证明脱离了实际，从而丧失了威信。这一模式曾被许多新兴市场国家奉为圭臬并加以复制。

这里有很重要的一点需要提到，那就是印度在改革前所奉行的社会经济发展模式以及与之相连的裙带资本主义态势，不应成为印度政府采取更开明的管理态度和制定更完善规章制度的障碍，而这种态度和制度则是全球化时代中必不可少的因素，也是印度实现全面发展目标的先决条件。

目前印度所面临的最大危险就是广大农村地区在发展中被逐渐隔离，同时印度的国家建设和发展进程存在着不稳定甚至崩盘的隐患。经济的相互依存使危机发生时很难有国家独善其身。如果说此次金融危机带来一个全球性的经验，那就是国家应成为确保经济安全的唯一和最终决策者。因此，如果想使全球化在经济发展和科技革新方面的好处得到充分挖掘，需要一个崭新的国家。

结　　语

自 19 世纪 80 年代早期以来，印度、中国以及其他来自欧洲以外的国家，第一次在国际政治经济格局中占据了令人瞩目的地位。毋庸置疑，印度和中国正在逐渐崛起成为新的世界经济中心。当然，作为邻居，他们之间不可避免地将为争夺资源、市场和国际影响力展开竞争。但印、中之间并非无法避免成为死敌。随着印、中两国在国际政治经济格局中的利益不断深化，双方爆发军事冲突的可能性正在减小。目前国际社会正处于无政府状态，这势必会使两国成为竞争对手。然而，如果想避免另一场冷战的爆发，那么印度就不但需要在绝对经济总量上尽力缩小同中国的差距，还需要改变其经济增长模式，使之成为制造业大国。这一进程势必要依靠印度各邦采取灵活、开放的经济政策，在未来数十年间吸引更多的重要工业企业进入印度。同时，各邦政府还要在如何更有效地提供“核心公共事务”服务方面下功夫，这些“公共事务”主要包括两个方面：一是硬件基础设施建设方面，诸如能源、水源、公路、港口等；二是社会经济基础建设方面，如教育、医疗保障等。总而言之，在目前印度一些经济学家和政策制定者心中，仍存在着这样一种幻想，即在发展市场经济中照搬中国（或者东亚）的模式和经验，这种幻想是不切实际的，也是不符合印度社会经济现状和战略目的的。目前经济上的混乱只是强调印度各邦政府应该在经济体制管理中发挥更有效的作用。

很明显，印度政治领导层并没有履行他们的职责，那么未来他们会这么做吗？

附录：政策注释

反托拉斯在印度的关键作用

反托拉斯也许是政府在市场经济中能够使用的最有影响力的政策工具之一。与本章主题——印度的战略经济政策相一致，尤其是当保护国内消费者福利（防止市场主导力量滥用权力）与政府鼓励大型全球化公司兴旺的战略目标相冲突时，反托拉斯政策发挥了关键的作用。

第一节　历史性背景

政府（国营企事业单位）在许多经济部门中的主导性优势，意味着政府在许多行业控制着较高的市场份额，因此很少需要独立的管理者。利益的冲突也意味着缺乏可信的私有部门参与的实践是无效的。然而，在 1964 年，非银行部门的两大商业公司占印度所有私有公司资产的 11%，占印度 75 家主要公司全部资产的 30%。[①] 为了缓解这种权力相对高度集中的情况，印度在 1969 年颁布了垄断与限制性贸易惯例。然而，普遍的双重工业政策限

① 那拉亚那·拉奥·拉皮拉："从进步的司法角度看印度 1969 年的垄断和限制性贸易惯例"，《反托拉斯公告》，第 3 期，第 34 卷，（纽约：1989 年秋），第 655 页起，共 28 页。

制了竞争。所有竞争的过程，如市场进入、价格、规模和场所等都受到约束。自相矛盾的是，垄断和限制性贸易惯例是为了应对由“许可证统治”产生的竞争顾虑，其对市场发展影响力已经最小，却正是市场竞争的先决条件。

1991年之后的情境

一些部门允许私有公司的参与。因此，名义上或修辞学上限定的理论基础已被环境所改变。

在许多行业里，日益增加的竞争已经把责任转嫁到政府那里，以确保竞争环境的充分存在，即遏制合谋、卡特尔和私人垄断，同时积极鼓励创新（知识产权问题）与研发。

改进反托拉斯法的另一个理由是：一些未规范领域的进口水平还很低。随着进口自由度逐渐扩大，管理者需要承担更大的责任来确保竞争环境的存在。① 由于印度的港口基础设施和主要工业基地在物理连接方面的效率低下，进口货物的到岸价格在许多情况下都不如大型国内商家更具有竞争力。

类似的，一个自由的外国直接投资体制理论上将成为一个竞争工具。印度的例子再一次显示，外国直接投资对竞争的影响有限，至少目前如此。

当政府作为社会和经济的管理者、国有资产的所有者和商业运行者的多重角色作用不断演变，其根本特征始终保持下来，那就是在工业和基础设施领域强大的存在。

2002年的竞争法和竞争委员会的成立。② 然而，竞争委员会很大程度上只有咨询作用，其自主性已被一些机制性限制规定严

---

① 此观点有另一个公共政策角度。目前，由于需要建立更大的国内工业基地以“纠正”服务业在GDP的比重失衡，至少在非中间制造部门中加速进口自由化方面存在清楚的逻辑。

② 2002年的法案目前已成为印度法律的一部分。通过2003年3月的第31号政府公告，新法案中的一些部分已经生效。然而，除非全部授权被实行并且新法律的剩余条款出台，原来的垄断与限制性贸易惯例委员会将继续有效。

重损害了。

采用哪种模式?

自由的美国反托拉斯模式对于推进创新有不言而喻的强制力，并且主要依赖市场来推动和维持竞争与效率。举例来说，在美国并购被拒绝的次数比欧洲要少很多。另一方面，欧洲形成了一个更加具有侵略性的竞争政策，具有更广泛的强制力，他的“利益相关者”超越特定的行业顾客和竞争者以实现其他目标。[①] 研究显示，这两种模式反映了其所在的社会经济和政治体制，任何对一方最理想化的模式可能对另一方来说并不适合。[②]

改革的次序

研究显示：自由经济措施容易失败，除非通过或伴随着适当的管理框架来运行。俄罗斯在 20 世纪 90 年代的经验是主要的例

---

① 汉斯·马克斯：“欧盟的‘新’协议：‘经济学’评估”，《国际经济》（双月刊），汉堡，2002 年 1—2 月刊，第 1 期，第 37 卷，第 28 页起，共 8 页；卡林·W. 弗里斯、谢弗·M. E 和斯布利特（2001）合著：“过渡经济体的竞争和企业表现：跨国研究的证据”，经济与政策研究中心讨论文件，第 2840 号；托马斯·E. 考伯：“美国和欧盟的兼并控制：一些观察”，《圣·约翰法律评论》，2000 年春季刊，第 74 页起，共 2 页；也可参阅《金融时报》近期对一些行业的反垄断和过度集中问题的研究报告。

② 布里特·H. 麦克唐纳和丹尼尔·A. 法伯合著：“有效的反托拉斯管理总能最理想吗?”，《反托拉斯公报》，纽约，2003 年秋，第 3 期，第 48 卷，第 807 页起，共 29 页；

欧盟与美国的比较研究：

·时间角度：美国—兼并评估过程需要考虑短期的可以预见的负面效果；欧盟—考虑长远的深思熟虑的危害；

·垄断——一定对竞争构成危害吗?

美国—如果消费者没有被边缘化并且引入创新和效率的话，答案是否；欧盟—如果将竞争者挤出市场的话，答案为是。

·支持竞争还是支持消费者?

美国—要考虑竞争者的抱怨，但强调消费者的福利；欧盟——可能顾及竞争者的意见并受其反应的影响。

子。这是延迟印度私有化的根本原因。另一方面，支持者提倡包括迅速消化国有经济资产在内的“休克疗法”。其逻辑是，迅速放松管制将最好地刺激市场进程并为体制改革创造一批拥护者。这在一定程度上概括了印度在20世纪90年代初期的经历，当时放松管制的部门推动了进一步的管制。然而，如经济学家斯提格利兹指出的那样，其不良的影响已愈发危险。如果不充分加以注意，对于国有资产的消化可能简单而粗暴地将国有垄断变为持久的私有垄断。[①] 印度信实集团收购国营企业印度石化公司的例子就证明了这一点，收购后的集团在石化行业的市场份额增加到了90%。

第二节　印度制造业的竞争加剧：后改革时期

本节对一些制造业部门的市场集中模式进行了研究。[②] 赫芬达尔·赫希曼指数（HHI）被视为衡量市场力量的方法。HHI是根据各公司的市场份额比例来计算的。该指数随着公司数目的增加而减小。完全的垄断意味着HHI指数为10000（100的平方）。根据美国司法部1992年的《同业兼并指南》，某一市场中兼并后的HHI低于1000就是“非集中”，在1000—1800之间为“中等集中”，高于1800就被视为“高度集中”（见表A.1，图A.1和表A.2）。

① 约瑟夫·史蒂格利兹：“发展的学问：经济科学、经济政策和经济建议”，世界银行关于发展经济学的年度大会（1998年）。

② 选择行业的标准是，他们具备多方面的产品或者是构成一个行业价值链的关键部分的中游产品。

表 A.1 部分行业的 HHI 指数变化趋势

行业	1994 年	2005 年	主导公司	市场份额
铜及铜制品	780	4867	斯特利特工业集团	68%
聚酯人造纤维	1800	8140	信实集团	90%
粘胶人造纤维	7700	10000	格拉西姆实业	100%
蓄电池	2900	5199	埃克赛德公司	69%
电视显像管	1800	5536	山姆泰尔公司	71%

资料来源：印度经济监控中心的"市场规模与份额"数据库。

图 A.1 部分行业的 HHI 指数变化趋势

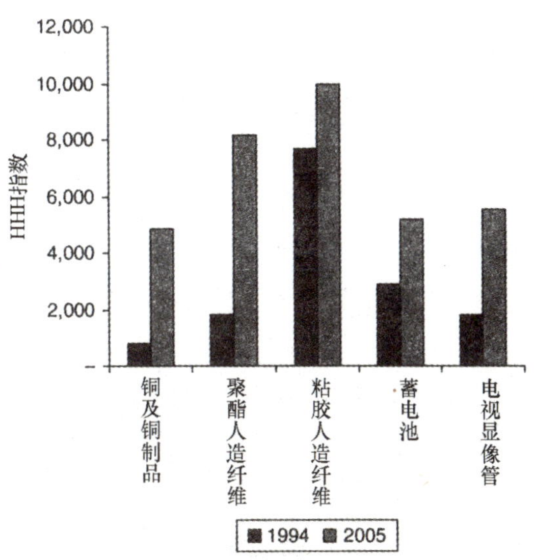

资料来源：印度经济监控中心的"市场规模与份额"数据库。

表 A. 2 印度公司在 1991 年修订版的垄断与贸易限制惯例颁布前后的兼并行为

	1986—1991 年	1992—1997 年
并购公司属于同一商业集团的比例	17%（13/77）	63%（60/96）
并购公司属于同一产品类型的比例	38%（22/58）	53%（48/96）

资料来源：拉克西·巴森特和赛巴斯田·莫里斯："印度的竞争政策：经济全球化议题"，《经济与政治周刊》，2000 年 7 月 29 日。

观察

很清楚，自 20 世纪 90 年代初贸易和工业自由化以来，私有公司在许多行业占据了主导地位。

某些行业的集中度可能比发达国家还要高。例如：在美国，大量制造业的 HHI 低于 1000。对这一现象的解释是：印度工业（和 GDP）的市场规模相对较小，因为许多行业并没有吸纳多少高效率的公司。

许多行业的进口渗透低导致了集中度高。

并购指南的局限，至少从竞争的角度也解释了这一趋势。此外，1991 年之后的兼并主要发生在同行之间。

从反托拉斯的角度，核心的挑战是区分那些因为效率高而取得市场主导地位和那些通过掠夺行为取得市场主导地位的案例。

第三节

反托拉斯法的模糊性和复杂性源于一些相互交叉但又经常竞争的利益和目标。本摘要的目的是就广泛的议题提供精确的分析和为那些可能引起政策制定者兴趣的全球趋势提供一个快照。显然，反映某一具体行业动态的竞争政策体系，必须被放在像印度这样的过渡性经济中，以便从放松管制中受益。可以肯定的是，所有的公共政策工具必须同步化以获得结果。[①] 印度相较于其他过渡性经济体的优势在于这样的事实：它已经拥有一个成熟的机制框架和尊重财产权的可信司法体系。而挑战在于协调这些经常分离的实体以创造一个适合市场发展的管理环境。

（一）政策建议

1. 哪一种模式[②]?：在本书的开始，已经对西方国家两种主要的反托拉斯模式进行了简要的评估。总而言之，比较适合印度竞争政策的选择是集中于其传统的核心业务（即保持竞争），并且尝试用有效的方式来管理外部资本。此外，印度的政治经济发展显示，独立的规章制度尽管不太完美，却能够提供更好的保护以防止政府被公司高度渗透。[③] 大体上，必须注意的是，欧盟重视评估竞争格局可能面临长期伤害的方法比美国重视短期后果的方法更受益。

2. 对“已经放松管制”的部门再管制：致力于提高效率而不是防止垄断的新竞争法（2002 年）是令人欢迎的一步。然而，那些政府已经不再是主要角色的部门需要精明的管理，否则可能更易受占主导地位的公司管制的影响。如前所述，私有化本身并不是“魔方”。如果政策工具不能提供帮助，放松管制后仍然需要竞争规则的事情很少发生。因此，要避免福利减少，就应该在严厉的管制之前或管制时提前制定政策。

---

① 拉克西·巴森特和赛巴斯田·莫里斯：“印度的竞争政策：经济全球化议题”，《经济与政治周刊》，2000 年 7 月 29 日。

② 近期关于印度反托拉斯问题大量的分析参见普拉蒂普·S. 麦塔主编的“印度功能主义竞争政策”，印度学术基金会及消费者学会 2006 年出版。

③ 杰出的案例研究参见拉胡尔·穆克吉所著“管理竞争：政治和独立的管理机构的建立”，《印度评论》，2004 年 10 月第 4 期，第 2 卷。

3. 并购：作为1991年修订案的一部分，垄断与限制性贸易惯例的作用由于去除了有关兼并和并购的条款以允许非正常增长而受到削弱。[①] 因此，从竞争的角度看，没有对并购的管制。然而，新的竞争法确实有监督并购的条款，这些条款非常狭隘并且有非常高的门槛，结果许多并购逃离了审查。最近的迹象显示政府正准备扩大监管。[②]

4. 国营企事业单位：国家继续在诸如电信、油气、电力、水、钢铁、航空和船运等行业中发挥主要作用。在这些领域中，尽管私有化的集中度有所不同，但在管理者和相关的国营企事业单位之间缺少“手臂的长度”构成了额外的问题。一旦管制无法加强私有竞争，国营企事业单位的存在就确保了反平衡力，为管制的“结石”输入了另一个变量。印度电信管理局是印度调节器的另一个杰出的例子，它既协调了可以促进竞争的法令，同时又保持了两大国营电信企业BSNL和MTNL的活力和利益。

5. 反托拉斯和全球竞争：最近在全球供应链中的大型集团企业的趋势对于印度政策制定者有启示意义，他们准备向放松管制的（私有）部门输入充满活力的反垄断制度。[③] 这里的关键是，由于全球主要行业是由少数大型公司占据主导，目前国家反垄断部门在他们已经过分拥挤的文件夹中有了额外的变量——使国内公司扩大规模以增强海外竞争力。当然，其不利的一面是正在抑制国内竞争。因此，反垄断的意义在于在协调市场发展（及竞争）的国内需求与允许本地的、大型、全球化、具有竞争力的企业崛起的外部需求之间发挥关键作用。

---

① 自1969年实施以后，垄断与限制性贸易惯例经历了许多次修订，最大的两次是1984年和1991年。1991年的修订版去除了在并购方面预先报关的所有限制。

② “印度计划成立新的陪审团以监督企业的并购”，路透社，2007年8月29日。

③ 巴里·林恩：“新垄断者的旧式权力的苏醒”，《金融时报》，2006年2月15日。要更深入了解巴里·林恩的观点可参阅他在2005年的著作《终点：全球公司的兴起和衰落》。作者在书中以经验主义的方式揭示从垂直的一体化到过渡性的全球生产网络的激进重组是全球化的结果，但也是（美国）经济不安全的根源。其推动力来自美国上世纪90年代对反托拉斯的放松管制。

6. 印度知识经济的竞争政策：直到目前，管理IT经济的责任落在了西方国家身上。这是因为印度软件公司出口处于价值链的低端（即呼叫中心服务、功能支持和信息储存等），导致“业务外包”和“境外转移”。但是，随着印度软件公司朝着价值链的高端移动并且更加专注于研发和创造新的“生产力”，规则的制定责任将回到地区管理者以加强竞争、促进创新。在数字经济时代，竞争围绕着知识产权法提供法律保护而演变。因此，有效的反垄断规则必须基于新的一体化的方式上，即清晰地把知识产权和竞争政策之间的互动考虑在内。[①]

---

① 加里·明达：“反托拉斯管理能力和新数字经济：整合‘软’‘硬’管制措施的建议”，《反托拉斯公告》，第3期，第46卷，（纽约：2001年秋季），第439页起，共73页。

参考文献

一、参考书目

1. 阿查利亚·栅卡：《难道印度能够不依靠自身发展吗?》，新德里，学术基金会，2007 年版。

2. 布莱斯林·肖恩：《中国和全球政治经济》，纽约，派尔格莱夫·麦凯米兰，2007 年版。

3. 张夏准：《全球化、经济发展及国家的作用》，伦敦，扎德图书公司，2003 年版。

4. 张夏准：《为何踢开梯子—以历史角度看发展战略》，伦敦，亚什出版社，2003 年版。

5. 戈登·W. 马克斯：《过于敏感—汇率领域的抉择》，剑桥，马赛诸塞州，麻省理工学院出版社，2002 年版。

6. 达曼·卡尔、阿努甲·乌兹：《印度和知识经济—负债力量和机遇》，华盛顿，世界银行，2005 年 7 月版。

7. 傅 J.：《机构与投资—改革时期中国的外资投资》，安·阿尔伯尔，密西根大学出版社，2000 年版。

8. 黄亚生：《销售中国—改革时期外来投资》，纽约，剑桥大学出版社，2003 年版。

9. 贾·普兰申卡：《通往市场的冒险—俄罗斯、印度和中国的政治经济改革》，伦敦，布拉多出版社，2002 年版。

10. 柯南·塔兰：《亿万名企业家—中国和印度如何描绘未来，包括你的未来》，剑桥，马赛诸塞州，哈佛商学院出版社，2008 年版。

11. 拉蒂·尼古拉斯：《中国融入全球经济》，华盛顿，布鲁金斯学院出版社，2002年版。

12. 林·芭莉：《线的末端—全球性股份公司的崛起和没落》，纽约，道布尔迪图书出版社，2005年版。

13. 麦迪逊·安格斯：《世界经济千年史》，经合组织发展研究中心，2001年版。

14. 麦迪逊·安格斯：《2001—2003年世界人口、GDP、人均GDP》，格伦宁根，格伦宁根大学，2006年11月版。

15. 麦克尼·K·I：《中国经济特区评估》，华盛顿，福特·麦克奈尔，1993年版。

16. 列德尔·詹姆斯、金晶、高建：《中国的增长—投资、财政和改革》，新泽西，普林斯顿大学出版社，2007年版。

17. 贵家胜宏：《东亚微观区域学和管理》，伦敦、纽约，如特来兹，2004年版。

18. 辛哈·阿萨马：《政策转折中的观念、利益和机构—西孟加拉与古吉拉特比较》，摘自《印度各邦比较政治学中的地区反映》，罗伯·杰金斯编著，新德里，牛津大学出版社，2004年版。

二、参考论文

1.《通过财政改革加速印度的增长》，麦金斯全球研究所，2006年5月版。

2. 安德森·乔纳森《解决中国的不平衡难题》，载于《财经发展》，国际货币基金组织，2007年9月第44期，第3册。

3. 安藤根本、木村：《东亚分工：进一步的证据》，2007年1月版。

4. 安藤根本、木村：《国际生产体系和东亚分工》，NBER工作汇报10167号，国家经济研究署，剑桥，马赛诸塞州，2003年版。

5. 阿瑟克拉拉·普莱姆昌德拉：《中国的崛起和东亚出口—需要警惕吗?》，工作论文2007/10号，澳大利亚国家大学，2007年9月版。

6. 阿瑟克拉拉·普莱姆昌德拉：《环太平洋地区多国生产网络和新地缘经济分工》，澳大利亚国家大学，2006年版。

7. 白重恩、谢长泰、钱颖一：《中国的资本回报率》，NBER工作论文第 12755 号，2006 年 12 月刊。

8. 邦加·拉什米、B.N. 戈尔达：《印度生产中服务业的贡献—改革前后》，ICRIE 工作论文 139 号，2004 年刊。

9. 巴奈特·斯蒂文、雷·布克斯：《是什么吸引向中国投资》，国际货币基金组织工作论文，2006 年 11 月刊。

10. 巴斯卡兰：《中国潜在的超级大国—地区反响》，德国银行研究报告，2003 年刊。

11. 博斯沃斯·巴利、苏珊·M·柯林斯、阿芬德·傅曼尼：《印度经济发展的根源》，NBER 工作论文 12901 号，2007 年 2 月刊。

12. 克林·W.、福雷斯·S.、沙福·M.·E.，希伯来·P.：《变革经济中的商业竞争和表现—全国性的证据考察》，CEPR 研讨论文 2840 号，2001 年刊。

13. 戈登·W. 马克斯：《过于敏感—汇率领域的抉择》，麻省理工学院出版社 219—223 期，第 42 页。

14. 艾陈格林·巴利、佟辉：《中国的外资投资是否损害他国利益》，NBER 工作论文 11335 号，MA，2005 年刊。

15. 高利尔·雷梦尼、克森西：《中国崛起和亚洲贸易的重组》，CE-PII，工作论文，2006 年 3 月刊。

16. 戈登·詹姆斯、柏南·古朴塔：《理解印度的服务革命》，国际货币基金组织工作论文 WP/04/171 号，2004 年 9 月刊。

17. 哈代德·蒙娜：《东亚贸易融合—中国的地位和生产网络》，世界银行政策研究工作论文 4160 号，2007 年 3 月 1 日刊。

18. 汉斯达·珊格·K：《服务导向增长的可持续性发展—印度经济投入产出分析》，RBI 临时工作报告，第 22 期，第 1 号，2 和 3 号，2001 年刊。

19. 杰姆维奇·尼尔、亨利·休：《年轻、老年和不安人群—人口和商业周期规律》，2007 年 2 月刊。

20. 詹·斯蒂芬：《2015 年主权财富会有多大规格》，摩根斯坦利研究中心，《经济学家》2007 年 5 月 3 日刊。

21. 詹·斯蒂芬：《主权财富基金和官方 FX 储备》，摩根斯坦利研究中心，《经济学家》2006 年 9 月 14 日刊。

22. 卡普尔·戴维什、普拉塔普·巴奴·麦塔：《印度高等教育改革—从半社会主义到半资本主义》，CID 工作论文，108 号，2004 年 9 月刊。

23. 科科哈尔·K.、库马尔·U.、拉简·R.、苏泊拉曼尼安·A.、陀卡特里迪斯·I.：《印度发展模式—发生的和将要发生的》，国际货币基金组织工作论文，2006 年 1 月刊。

24. 科库·阿里：《东亚出口主导型的增长—欧洲经济转型的教训》，斯托克霍姆经济学院工作论文，第 142 号，2002 年刊。

25. 库伊吉斯·路易斯：《中国的投资和储蓄》，世界银行政策研究工作论文 3633，2005 年 6 月刊。

26. 库伊吉斯·路易斯、金松易：《原材料价格、工资和中国工业的利润情况—在进口价格和工资快速增长的情况下如何保证利润》，世界银行中国研究报告，第 8 号，2007 年 10 月刊。

27. 里德比特·查理斯、威尔斯顿·詹姆斯：《亚洲的创造如何使我们所有人受益》，摘自《观点图集—描绘新科学分布图》，Demos 出版社，2007 年 1 月刊。

28. 梁鸿：《可持续发展的中国投资能力》全球经济论文，第 146 号，高盛投资公司，2006 年 10 月 3 日刊。

29. 马科斯·汉斯：《欧盟“新型”横向协议方式—经济体间的经济评估》，汉堡，2002 年 1—2 月刊，第 37 期，第 1 章，自第 28 页，共 8 页。

30. 米时拉·迪帕克：《以南亚的储蓄率印度能够获得东亚一样的发展吗?》，世界银行，2006 年 7 月第一版。

31. 瑙顿·巴利：《中国的崛起及作为贸易大国的前景》，经济研究项目，第 27 期。1996 年刊。

32. 全国非组织部门企业委员会（NCEUS）2007 年度关于《无组织领域工作和生活水平提高状况》的报告。（网址：http：//nceus. gov. in/condition-of-workers-sep-2007. pdf）

33. 尼克姆波利拉克·敦登：《关于服务业在中国和印度经济发展中地位的比较研究》，泰国发展研究所，2006 年 6 月 19 日刊。

34. 帕坡拉·T. S.：《印度经济的新结构—部门间加剧的不平衡的潜

在影响》，在印度经济协会第 88 次大会上的主题演讲，安德拉大学，维萨卡帕特拉姆，2005 年版。

35. 拉埃德加·萨迦姆苏：《大龙和小龙们—中国对东南亚机械出口的挑战》，政策研究工作论文，第 4297 号，世界银行东亚和太平洋地区财政和私人分部，2007 年 8 月刊。

36. 罗德里克·丹尼：《中国出口为何独树一帜?》，NBER 工作论文 11947 号，国家经济研究署，剑桥 MA，2006 年刊。

37. 辛格·尼尔菲伽：《印度的服务导向工业化的前景和挑战》，工作论文第 290 号，世界发展斯坦福中心，2006 年 8 月刊，2006 年 11 月修订。

38. 斯里文森·T.·N.：《关于“印度式增长”到生产增长的探讨—印度增长转型的秘密》，国际货币基金组织成员论文，2005 年 9 月刊，第 52 期，第 2 号。

39. 斯里文森·T.·N.：《中国、印度和世界经济》，工作论文，第 286 号，2006 年 7 月刊。

40. 斯德格里兹·约瑟夫：《发展的知识—经济科学、政策和建议》，年度世界银行发展经济学大会，1998 年刊。

41. 威尔逊·多米尼克、卢帕·普鲁索珊曼：《与“金砖四国”共同的梦想—通往 2050 年》，全球经济论文第 99 号，高盛投资公司，纽约，2003 年 10 月 1 日刊。

42. 《2011 年世界投资展望—外资投资及其政治风险》，经济信息部（网址：www.eiu.com），2007 年刊。

43. 吴·弗莱德里奇、彭通晓、粤汉霞、普高空：《对中国和东南亚的投资—东盟被排除在外吗?》，载于《新加坡经济观察》。

44. 肖：《对中国的“借贷套利”的外资投资—规模、原因和影响》亚洲发展银行研究所论文第 7 号，2004 年 6 月刊。

45. 郑永年、陈明佳：《中国最新的国有企业改革和社会影响》，中国政策研究所，诺丁汉大学，简要版，第 23 篇，2007 年 6 月刊。

46. 杨·艾琳：《黄金作为基本金属—改革时期的中国生产增长》，NBER 工作论文，第 7856 号，2000 年 8 月刊。

47. 张伟：《为什么外资主要投向沿海地区?》，哈佛亚洲季刊，MA，

2000 年夏季刊。

48. 郑文、泰有：《中国上升为生产基地对亚洲的影响》，MAS 成员论文，第 42 号，2005 年 12 月刊。

三、报纸、杂志、期刊

1. 阿查利亚·栅卡：《管理与健康》，载于《商业标准》，2007 年 8 月 30 日刊。

2. 阿查利亚·栅卡：《仲夏疯狂》，载于《商业标准》，2007 年 8 月 9 日刊。

3. 艾亚尔·巴拉维：《农业—印度和中国的基础》，载于《印度报》，2007 年 9 月 3 日刊。

4. 艾尔特巴赫·菲利普·G.：《顶端的渺小》，载于《威尔逊季刊》，2006 年秋季刊。

5. 安德里尼·贾米尔：《中国的国家因素刺激经济增长》，载于《财经时报》，2008 年 12 月 26 日刊。

6. 安德森·乔纳森：《中国应加速人民币升值》，载于《远东经济回顾，2007 年 7—8 月刊。

7. 巴桑特·拉克什、希芭斯蒂安·莫里斯：《印度的竞争政策—全球化经济相关问题》，载于《经济和政治周报》，2000 年 7 月 31 日刊。

8. 贝赫拉·莱克斯曼·库马尔：《中国防务白皮书—印度能够从中吸取教训吗?》，载于《IDSA 战略评论》，网址：www. idsa. in，2007 年 1 月 31 日刊。

9. 贝赫拉·莱克斯曼·库马尔：《印度国防成就—转变的时刻》，载于《IDSA 战略评论》，网址：www. idsa. in，2007 年 8 月 3 日刊。

10. 贝赫拉·莱克斯曼·库马尔：《2007 至 2008 年度印度国防预算》，载于《IDSA 战略评论》，网址：www. idsa. in，2007 年 3 月 9 日刊.

11. 巴拉·苏吉特：《印度与中国的差异—无关紧要》，载于《商业标准》，2007 年 8 月 18 日刊。

12. 巴拉·苏吉特：《卢比、私利和印度储备银行政策》，载于《商业标准》，2007 年 9 月 29 日刊。

13. 布莱默·伊安、诺里尔·鲁比尼：《世界经济捱过2009年的希望》，载于《华尔街报》，2009年1月23日刊。

14. 乔杜里·普拉特·帕尔：《印度的碳未来》，载于《远东经济回顾》，2007年9月。

15. 崔力：《中国增长的对外依赖》，载于《财经与发展》，国际货币基金组织，第44期，第3号，2007年9月。

16. 左拉瓦·多利特·辛格：《印度增长的实力—谬论还是事实》，载于《世界事件》，第11期，第4号，2007年冬季刊。

17. 左拉瓦·多利特·辛格：《俄罗斯的重新崛起—商业现实主义使印度受益》，载于《论坛报》，2007年2月6日刊。

18. 左拉瓦·多利特·辛格：《安全—印度失去掌控》，载于《亚洲时报在线》，2006年12月21日刊。

19. 中国国有资产监督管理委员会副主任：《中国会主动提升人力系统改革吗?》，新华社，2006年10月25日刊。

20. 德赛·麦格耐德：《印度和中国—政治经济比较》，2003年3月31日刊。

21. 迪克·穆勒：《中国揭开国产大飞机制造序幕》，载于《金融时报》，2008年5月12日刊。

22. 档斯·艾丽卡：《中国寻求海外石油》，载于《远东经济回顾》，2007年9月刊。

23. 经济观察：《中国传统悖论》，载于《经济学家》，2008年1月3日刊。

24. 社论《空中客车认为中国装配对销售至关重要》，载于《金融时报》，2007年9月6日刊。

25. 社论《中国与世界未来》，2006年4月28—29日刊；《全球化时代中国的前途》，4月29日刊，座谈会研讨。网址：http：//chicagosociety. uchicago. edu/china.

26. 社论《中国希望取代美国成为世界第二大出口国》，载于《人民日报》，2007年8月21日刊。

27. 社论《中国希望国产大飞机能够挑战空中客车和波音》，载于《国际论坛报》，2007 年 9 月 7 日刊。

28. 社论《中国从被动转向主动》，载于《金融时报》，2007 年 8 月 22 日刊。

29. 社论《OECD 认为中国需要创新》，载于《国际论坛报》，2007 年 8 月 27 日刊。

30. 社论《中国通过反垄断法来审查更多的合约》，摘自 www.bloomberg.com，2007 年 8 月 30 日。

31. 社论《中国建立对外投资储备基金》，载于《金融时报》，2007 年 9 月 29 日刊。

32. 社论《中国和新加坡同意加强经济合作》，新华社，2007 年 79 月 11 日刊。

33. 社论《中国电力信息产品出口增长 26.2%》，载于《中国日报》，2007 年 10 月 2 日刊。

34. 社论《诱人的中国的投资》，载于《经济学家》，2006 年 11 月 2 日刊。

35. 社论《中国央企返还 2006 年利润中的 170 亿元》，新华社，2007 年 9 月 20 日刊。

36. 社论《中国总理表示中韩贸易合作成果显著》，载于《人民日报》，2007 年 4 月 11 日刊。

37. 社论《国际能源协会警告高油价下的供给匮乏》，载于《国际先驱导报》，2007 年 7 月 9 日刊。

38. 社论《印度面临技术人力资源短缺情况一览》，载于《印度斯坦时报》，2007 年 7 月 8 日刊。

39. 社论《印度计划对企业并购开始新调查》，路透社，2007 年 8 月刊。

40. 社论《印度在“东向政策”中重新聚集中国》，载于《印度杂志》，2007 年 9 月 15 日刊。

41. 社论《印度 RBI 认为加大基础设施建设，获得农业可持续增长》，网址：www.forbes.com，2007 年 9 月 8 日刊。

42. 社论《英特尔在中国建设 25 亿美元硅生产基地》，载于《国际先驱导报》，2007年9月8日刊。

43. 社论《KPMG—印度在能源领域投机100亿美元》，Deccan Chronicle报业，2006年4月4日刊。

44. 社论《四月份石油进口猛增到400亿美元》，网址：www. sify. com，2006年4月10日刊。

45. 社论《中石油购买高达600亿澳元的澳大利亚LNG》，网址：www. bloomberg. com，2007年9月6日刊。

46. 社论《推动能源改革》，导报新闻服务，网址：www. tribuneindia. com，2005年2月26日刊。

47. 社论《国有资产监督管理委员会为央企设定直接目标》，载于《中国日报》，2007年8月30日刊。

48. 社论《中印纽带加强》，载于《人民日报》，2008年1月15日刊。

49. 社论《亚洲贸易和合作的推进器》，载于《2006年亚洲发展展望》，亚洲发展银行。

50. 社论《三大亚洲巨人》，载于《经济学家》，2007年9月6日刊。

51. 社论《2007年前500强公司占总GDP的84%》，载于《中国日报》，2007年9月1日刊。

52. 社论《美国经济减速并不会制约中国的增长》，网址：www. ResourceInvestor. com，2006年11月26日刊。

53. 社论《温总理号召加强中日贸易发展和经济合作》，载于《新华社新闻》，2007年4月12日刊。

54. 厄尔斯金·埃里克森：《中国投资增长—谬误还是事实》，澳大利亚和中国自由贸易协定会议，悉尼，2004年8月12—13日刊，网址：www. apec. org。

55. 费古森·尼奥：《矛盾时代》，载于《财经时报》，2008年12月19日刊。

56. 费古森·尼奥：《2009年预想》，载于《财经时报》，2009年12月15日刊。

57. 《全球失业人数可能“达到5100万”》，BBC新闻，网址：http: news. bbc. co. uk，2009年1月28日刊。

58. 古鲁斯瓦米・莫汉、罗纳德・约瑟夫・亚布拉罕：《重新定义贫困—新印度的新贫困线》，政策研究中心，新德里，2006 年 2 月刊。（网址：http：cpasindia. org/reports/

16-redefining-poverty-line-india. pdf）

59. 霍夫曼・贝特、库伊吉斯・路易斯：《利润刺激中国发展》，载于《远东经济回顾》，2006 年 10 月刊。

60. 霍格・克里斯：《中国移民失业攀升》，网址：http：//news. bbc. co. uk，2009 年 2 月 2 日刊。

61. 金载俊：《韩国接纳中国奇迹》，网址：http：//www. korea-times. co. kr，2009 年 1 月 29 日刊。

62. 卡普尔・戴维什、珊尼尔・吉尔纳尼：《首要关切》，载于《印度斯坦时报》，2006 年 4 月 23 日刊。

63. 喀布尔・汤姆森・M.：《美国和欧盟兼并控制观察》，载于《圣约翰法律回顾》，2000 年春季刊，第 74 期，第 2 号。

64. 李艾米：《工资高涨打击印度 IT 业》，载于《财经时报》，2007 年 9 月 12 日刊。

65. 林・巴利：《旧式垄断的觉醒》，载于《财经时报》，2006 年 1 月 15 日刊。

66. 麦迪逊・安格斯：《世界经济千年展望》，载于《OECD 发展中心研究》，2001 年刊。

67. 麦迪逊・安格斯：《2001—2003 年世界人口、GDP 及人均 GDP》，2006 年 11 月刊。对麦迪逊预测的异议，参见：布兰・黑格：《世界经济—历史统计》，OECD，2003，载于《经济数据》，第 81 期，第 252 号，91—93 页，2005 年 3 月刊

68. 马伊特拉・拉姆塔努：《为什么印度经济落后中国》，载于《亚洲时报》，2003 年 6 月 27 日刊。

69. 马利克・拉杰夫：《印度保持卢比稳定》，网址：www. red-iff. com。

70. 麦克多尼尔・布莱特・H.、丹尼尔・A.・法波尔：《高效的反垄断法可行吗?》，载于《反垄断报告》，纽约，第 48 期，第 3 刊，自 807 页，

共 29 页，2003 年秋季刊。

71. 迈耶尔·亨利、艾叶莎·达雅：《卢比尼预测美国损失将达 3.6 万亿美元》，网址：www.bloomberg.com，2009 年 1 月 20 日刊。

72. 明达·格里：《反垄断立法和新数字经济—衔接硬立法和软立法的建议》，载于《反垄断报告》，纽约，第 46 期，第 3 刊，自 439 页，共 73 页，2001 年秋季刊。

73. 蒙泰科·阿鲁瓦利亚：《印度是投资的“特定”目标国》，印度高级委员会，伦敦。网址：http：//hcilondon.net。

74. 慕克吉·安迪：《“中国制造”转为当地制造将使亚洲遭受损失》，网址：www.bloomberg.com，2007 年 9 月 18 日刊。

75. 慕克吉·安迪：《印度的年轻储蓄者证明麦金斯的错误》，网址：www.bloomberg.com，2007 年 5 月 7 日刊。

76. 慕克吉·普拉纳博、P.S. 苏扬拉雅娜：《同中国战略伙伴关系将成熟》，载于《印度杂志》，2007 年 9 月 18 日刊。

77. 慕克吉·拉合尔：《管理竞争—政治学和创建独立管理组织》，载于《印度回顾》，第 2 期，第 4 号，2004 年 10 月刊。

78. 纳加拉吉·R.：《中国和印度的工业增长—基础比较》，载于《经济与政治周报》，2005 年 5 月 21 日刊。

79. OECD 新闻发布《OECD 发现到 2006 年底中国在研发领域的投资将成为世界第二》，网址：www.oecd.org，2006 年 12 月 4 日刊。

80. 奥斯特·翟：《国内需求刺激获取天然气》，载于《华尔街杂志》，2007 年 10 月 10 日刊。

81. 普法夫·威廉：《中国—设想的超级大国》，载于《国际先驱导报》，2007 年 8 月 24 日刊。

82. 拉姆·莫汉·T.《印度的外资投向实体吗?》，载于《经济时报》，2007 年 10 月 4 日刊。

83. 拉姆皮拉·娜拉亚娜·饶：《对印度 1969 年单独和限制贸易法的现实观点》，载于《反托拉斯法》，纽约，第 34 期，第 3 刊，1989 年秋季刊。

84. 洛克·斯蒂芬：《全球—中国的艰巨任务》，载于《摩根斯坦利全球经济论坛》，2002 年 3 月刊。

85.《SASAC—国有经济是否应该七个领域的完全控制?》，载于《新华社新闻》，2006 年 12 月 19 日刊。

86. 西格尔·格拉德：《中国重要吗?》，载于《外交月刊》，1999 年 8—9 月刊。

87. 舒里·阿兰：《为了赶上中国，首先应放开刹车》，载于《印度快报》，2006 年 11 月 7 日刊。

88. 辛德拉·贾斯巴·辛格：《能源—对抗还是合作》，SAISPHERE，约翰霍普金斯大学，2006 年刊。（网址：http：//www. saisjhu. edu/pubaffairs/publications/saisphere/winter06/。）

89. 辛格·乔金德：《印度没有闪光的地方》，载于《先锋》，2007 年 8 月 26 日刊。

90. 辛格·尼尔维卡：《服务生产争论》，载于《财经快报》，2006 年 1 月 26 日刊。

91. 辛格·尼尔维卡：《十个需要增速的领域》，载于《财经快报》，2006 年 12 月 12 日刊。

92. 苏博拉曼尼安：《外资投资—中国的教训》，载于《印度报》，2002 年 11 月 18 日刊。

93. 苏博拉曼尼安·阿芬达：《珍贵的印度》，载于《商业标准》，2007 年 8 月 14 日刊。

94. 萨莫尔斯·劳伦斯：《主权基金撼动资本主义逻辑》，载于《财经时报》，2007 年 7 月 30 日刊。

95. 托马斯·切利安：《印度出口第三个月下降》，网址：www. bloomberg. com，2009 年 2 月 2 日刊。

96. 维萨里·里拉、布拉芬：《1991—2101 年各大国长期人口计划》，载于《经济和政治周报》，2003 年 11 月刊。

97. 沃尔夫·马丁：《应对中国利用顺差的正确方法》，载于《财经时报》，2007 年 5 月 30 日刊。

98. 兰新正：《国家寻求对关键工业的控制》，网址：www. beijingreview. com，2007 年 1 月 11 日刊。

99. 李延平：《增长减缓期中国面临几十年来最严重失业》，网址：www. bloomberg. com，2009 年 1 月 20 日刊。

100. 王义伟：《中国崛起—不可能成为美国霸权的一极》，载于《哈佛国际回顾》，2007 年 3 月 22 日刊。

101. 郑经海、阿涅·比格斯登、胡安钢：《中国增长能够持续吗？—对特定的法律、财经增长的生产观点》，载于《世界发展》，2007 年刊。

后 记

酝酿《追龙——印度能否赶超中国?》一书在中国出版已有一段时间了。2009年年初，该书英文版在印度投放市场，我随后对作者莫汉进行了专访，并将书的第一章翻译发表在《文汇报》上。莫汉认为既然是谈中印比较的主题，非常希望能够介绍给中国读者。经过近一年的努力，这个成果今天展现在读者面前。

该书的版权拥有者“培生教育出版集团印度公司”为中文版免费提供了版权，在此表示感谢。培生教育出版集团是全球最大的出版集团之一，图书范围包括商务、科技、法律、人文等广泛领域，覆盖从幼儿园到大学生不同年龄段，全球读者超过1亿人，宗旨是以高质量的出版物和配套服务帮助人们增长知识，培养技能，实现潜力。培生教育出版集团印度公司以出版计算机科学、工程学、商务管理、贸易、高等教育、考试等领域的学术书籍和工具书，同时也是印度高中以下学校教材的最大出版商。培生教育出版集团印度公司在新德里、钦奈和昌迪加尔设有办公室，覆盖整个南亚地区，富有经验的编辑团队能够适应各种不同出版需求，重视市场营销，重视与作者和读者的沟通。该公司最近出版的一些图书包括《软技能：通向成功的金钥匙》、《阶级、公民性与不平等》、《印度古代和中古史》、《印度的核外交》等。

该书图文并茂，数据丰富，文字简练，分析深入，既是一本严谨的学术著作，同时还有一定的工具书价值，相信对所有对中印比较问题感兴趣的读者都有帮助。由于英文版出版时间的缘故，书中使用的数字最晚截止到2007年。虽有些缺憾，但并不影响全书的整体立论。另外为了显示“客观”性，书中关于中国的统计数字绝大多数选用的是联合国机构、世界银行、国际货币基金组织以及西方学者与公司的报告，请读者加以注意辨别。

除了第一章由我本人翻译外，本书的其他章节由三位英语基础很好的青年学者翻译。具体是：郑彬翻译了第二章、第八章；王峻岭翻译了第三章、第四章、第五章、第七章；牛震翻译了第六章、前言、附录和作者简介。其中难免有不当错误之处，请广大读者多指正。

王耀东

二〇一〇年九月十五日